ESSAI STATISTIQUE

SUR LA

DÉPOPULATION DES CAMPAGNES AUBOISES

PAR

Lucien LAGOGUEY

PROFESSEUR A L'ÉCOLE PRIMAIRE SUPÉRIEURE DE SENS

AVANT-PROPOS

Au personnel enseignant du département de l'Aube.

C'est à vous, mes chers Collègues, que je dédie cet *Essai statistique sur la Dépopulation des Campagnes auboises*. Ecrit durant les longues veillées de cet hiver 1916-1917, la besogne de la journée terminée, souvent dans l'anxiété des événements du lendemain, j'ai fait mon possible pour rester calme et ne voir que la tâche à remplir. Et maintenant que mon état de santé m'empêche de jouer un rôle plus actif dans le drame angoissant qui se déroule et fait chaque jour de nouvelles victimes, ma pensée va vers vous, ô chers Instituteurs de l'Aube, qui souffrez depuis de si longs mois et qui, avec tant d'héroïsme, avez consenti le sacrifice de votre vie. C'est à votre courage que nous devrons de conserver notre belle France intacte, c'est grâce à vous que nous verrons le retour de nos riches provinces ravies en 1870, c'est votre sang qui aura épargné à notre cher département la souillure de l'invasion.

Soyez fiers, chers glorieux enfants de l'Aube, du rôle que vous avez joué, puisez surtout dans notre admiration la force et le courage qui vont vous être nécessaires pour bouter dehors les hordes barbares qui se croyaient si sûres du succès.

Mais lorsque vous reviendrez reprendre votre place au foyer familial, lorsque pour la première fois vous remonterez, émus, à la chaire de votre classe, lorsque couverts des lauriers de la victoire vous parlerez à vos jeunes élèves des sacrifices que vous avez consentis pour notre beau pays, pensez, ô mes chers collègues, que votre œuvre ne fait que commencer.

N'avez-vous pas, maintes fois, avant la terrible épreuve que nous traversons, été les artisans inconscients de l'abandon de nos campagnes ? Ne regrettiez-vous pas vous-mêmes, jeunes instituteurs ruraux, votre temps d'Ecole normale et d'instituteurs adjoints, et ne cherchiez-vous pas à vous rapprocher de la ville ? Lorsque vous parliez à vos jeunes élèves, combien de fois ne leur avez-vous pas vanté les avantages d'une situation sédentaire, et, la main sur la conscience, lorsque vous trouviez parmi vos bambins, un enfant plus intelligent qui serait peut-être devenu un excellent cultivateur, n'êtes-vous jamais allés trouver les parents, ne leur avez-vous jamais promis de le pousser jusqu'au brevet ou l'Ecole normale, afin qu'il devienne lui aussi un instituteur, c'est-à-dire la joie et la fierté de sa famille ?

Eh bien ! il importe aujourd'hui que vous brûliez ce que vous avez adoré; retenez de toutes vos forces ces jeunes gens qui ont déjà tant de tentations pour quitter le foyer paternel ; montrez-leur les beautés de la vie à la campagne, développez chez eux leur esprit d'initiative, préparez-les au rôle qu'ils auront plus tard à remplir; ne leur dissimulez pas les soucis de la vie agricole, mais indiquez-leur la jouissance qu'il y a à surmonter ces obstacles et à vaincre des difficultés sans cesse renaissantes. Aimez vous-même la campagne, intéressez-vous aux travaux des champs, vivez plus intimement avec les gens qui vous entourent, provoquez leur amitié sincère ; soyez, en un mot, les bons ouvriers, les pionniers vigilants du *Retour à la terre*.

Et vous, mes chères collègues, qui, durant plusieurs années, avez supporté de bien des façons le poids de la guerre, ne croyez pas non plus que votre œuvre sera achevée par le retour de votre mari. Vous aurez aussi à inculquer à vos jeunes élèves que la vie à la campagne est bien préférable à celle de la ville ; vous leur ferez comprendre que ce qui pousse les jeunes filles vers la cité, c'est le désir de paraître, la vanité, le bien-être, la vie facile, mais que leur but est tout différent, qu'elles ont surtout, lorsqu'elles seront grandes, la mission d'être des épouses dévouées et des mères affectueuses. Aimez, vous aussi, la campagne où vous enseignez, admirez la beauté grandiose de la nature, habituez vos bambines à leur rôle futur, restez le plus longtemps possible dans le même village, ne soyez pas des oiseaux de passage dont l'influence éphémère ne sera qu'illusoire ; mais surtout prêchez d'exemple : soyez simples, modestes comme le seront plus tard vos élèves.

Je le sais bien, on vous a déjà tant demandé en dehors de vos occupations principales, que peut-être sourirez-vous devant ces nouvelles exigences ; peu importe si nos enfants savent ou ne savent pas dessiner, mais l'avenir de notre pays exige qu'on revienne à la terre, que nos campagnes ne soient plus des déserts, que l'on ait une famille nombreuse, et c'est pourquoi je vous supplie d'entreprendre la croisade contre la dépopulation des campagnes avec toute l'ardeur, tout le zèle dont vous êtes capables.

Et maintenant, cher petit livre, va...; avec de tels parrains, ton succès peut être certain, et si, un jour prochain, ton influence bienfaisante se fait sentir dans notre cher département de l'Aube, je serai très heureux et surtout très fier d'un pareil résultat.

Au 5ᵉ Hussards, le 5 mai 1917.

L. Lagoguey.

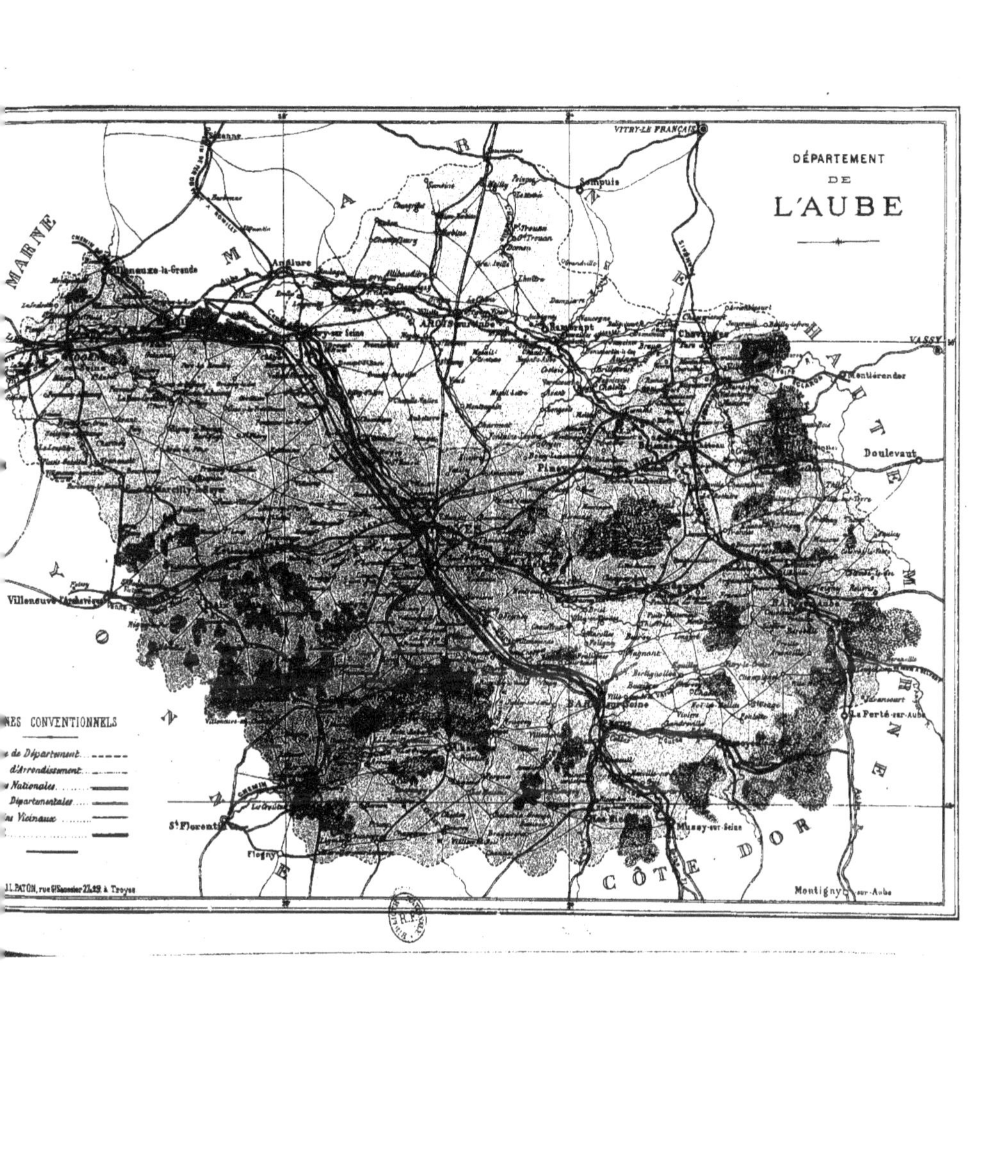

DÉPARTEMENT
DE
L'AUBE
MARNE
HAUTE
MARNE
CÔTE D'OR
VITRY-LE-FRANÇAIS
VASSY
Doulevant
Montiérender
La Ferté-sur-Aube
Mussy-sur-Seine
Montigny-sur-Aube
St Florentin
Flogny
Villeneuve-l'Archevêque
Villeneuve-la-Grande
Arcis-sur-Aube
Sompuis
SIGNES CONVENTIONNELS
de Département
d'Arrondissement
Nationales
Départementales
Vicinaux
J.L. PATON, rue St Nicolas 23.25, à Troyes

I. — Population du Département

Le Département de l'Aube, fondé par la loi du
15 janvier 1790, est compris presque entièrement dans
l'ancienne province de Champagne (559.634 hectares sur
une superficie totale de 600.143 hectares). Il comprenait
à l'origine 6 districts (Troyes, Arcis, Bar-sur-Aube, Bar-
sur-Seine, Nogent-sur-Seine et Ervy), 60 cantons et
484 communes. Modifié une première fois sous le Direc-
toire par la Constitution de l'an III, la loi du 28 pluviôse
an VIII lui donne son organisation actuelle. Troyes reste
chef-lieu du département; Arcis-sur-Aube, Bar-sur-Aube,
Bar-sur-Seine et Nogent-sur-Seine deviennent chefs-lieux
d'arrondissement; 26 cantons seulement subsistent et
40 communes environ sont supprimées et annexées à
d'autres.

Depuis cette époque, les modifications survenues sont
insignifiantes: Vers 1851, la commune de Saint-Martin-
ès-Vignes est annexée à la ville de Troyes et celle de
Courmononcle à Aix-en-Othe; par contre, en 1846, les
hameaux d'Eaux, de Puiseaux, des Bordes, du Four et
de Chêne-Milot, distraits d'Auxon, forment la commune
d'Eaux-Puiseaux; enfin en 1908, la commune de Prunay-
Saint-Jean, qui ne compte plus que 28 habitants, est
annexée à Saint-Jean-de-Bonneval.

Au recensement de 1911, le département de l'Aube
comprend 5 arrondissements, 26 cantons et 445 communes.

La création sur la carte de France de ces petites pommes
de terre, comme on les a appelées par ironie, et qui ont
constitué les départements, avait pour but, dans l'esprit de
leur auteur Sieyès, d'anéantir les démarcations anciennes

Arrondissement d'Arcis-sur-Aube

COMMUNES	Populatⁿ	Superficie		COMMUNES	Populatⁿ	Superficie	
	habit.	hect.	a.		habit.	hect.	a.
Allibaudières.......	259	2.412	57	Droupt-Sainte-Marie.	296	1.436	63
Arcis-sur-Aube ..	3.033	947	»	Etrelles	198	1.055	89
Aubeterre.........	141	1.166	28	Grandˢ-Chapelles (les)	604	2.209	53
Champfleury	103	670	53	Longueville........	272	1.163	81
Charmont	508	2.882	78	**Méry-sur-Seine** ..	1.222	1.246	82
Chéne (le)	219	2.099	08	Mesgrigny	155	726	27
Feuges	109	1.098	70	Plancy	1.066	1.587	78
Fontaine-Luyères ...	78	·949	97	Premierfait	152	1.477	40
Herbisse..	291	2.203	67	Rhèges	281	1.463	28
Mailly-le-Camp.....	1.127	4.270	91	Rilly-Sainte-Syre ...	306	1.399	32
Montsuzain	323	1.961	82	Saint-Mesmin	516	2.203	58
Nozay	162	1.574	84	Saint-Oulph	208	1.095	16
Ormes ...·.....	228	1.022	03	Salon	231	2.171	54
Pouan............	586	1.661	10	Savières	569	1.855	57
Saint-Etienne	132	1.083	63	Vallant-Saint-Georges	365	1.776	72
Saint-Remy	171	1.557	45	Viâpres-le-Grand....	115	1.046	20
Semoine	351	2.255	34	Viâpres-le-Petit	163	1.115	33
Torcy-le-Grand	219	755	38	**Canton de Méry**	**9.000**	**39.917**	**71**
Torcy-le-Petit......	104	728	84				
Villette..........	168	728	84	Aubigny	114	750	23
Villiers-Herbisse....	186	2.643	51	Avant-les-Ramerupt.	167	2.077	29
Voué	328	1.324	67	Brillecourt	115	572	39
Canton d'Arcis-s.-A.	**8.826**	**36.000**	**17**	Chaudrey	207	1.367	47
Arrembécourt......	110	711	97	Coclois	210	691	96
Aulnay........	162	1.044	28	Dampierre.........	467	2.935	94
Bailly-le-Franc.....	148	599	82	Dommartin-le-Coq ..	122	633	57
Balignicourt	172	1.305	69	Dosnon	142	2.863	97
Braux...........	228	1.521	42	Grandville........	134	924	25
Chalette..........	208	561	49	Isle-sous-Ramerupt .	140	1.126	34
Chassericourt	145	746	97	Lhuitre..........	375	3.582	22
Chavanges	804	2.231	97	Longsols.........	164	1.261	02
Donnement........	146	1.123	94	Mesnil-la-Comtesse..	62	95	29
Jassèines.........	272	1.628	72	Mesnil-Lettre	78	889	17
Joncreuil.........	194	1.054	64	Morembert	51	244	77
Lentilles	333	1.718	39	Nogent-sur-Aube....	422	1.609	26
Magnicourt........	121	779	04	Ortillon	32	799	26
Montmorency	249	938	29	Poivres..........	261	4.251	48
Pars-les-Chavanges..	140	849	96	Pougy...........	431	895	59
Sᵗ-Léger-s-Margerie.	145	657	78	**Ramerupt**	450	1.034	57
Villeret	67	324	76	Romaines	45	324	16
Canton de Chavanges.	**3.644**	**17.799**	**33**	Saint-Nabord......	169	852	95
Abbaye-sous-Plancy .	115	1.536	97	Trouan-le-Grand	168	1.780	34
Bessy	176	704	07	Trouan-le-Petit	131	1.195	39
Boulages	312	1.154	39	Vaucogne.........	100	1.650	73
Champfleury.......	174	1.798	02	Vaupoisson	192	1.079	13
Chapelle-Vallon	242	1.926	22	Verricourt........	72	693	19
Charny-le-Bachot ...	183	1.356	93	Vinets	193	915	53
Châtres	457	1.579	07	**Canton de Ramerupt.**	**5.214**	**37.097**	**44**
Chauchigny........	269	970	88	**Arrondisᵗ d'Arcis-**			
Droupt-Saint-Basle ..	353	1.860	23	**sur-Aube**	**26.684**	**128.814**	**65**

Arrondissement de Bar-sur-Aube

COMMUNES	Populat°	Superficie	
	habit.	hect.	a.
Ailleville	182	499	50
Arconville	179	1.499	40
Arrentières	390	1.391	07
Arsonval	264	758	13
Baroville	415	1.731	87
Bar-sur-Aube	4.533	1.600	27
Bayel	1.517	2.302	72
Bergères	185	581	13
Champignol	671	4.416	77
Colombé-le-Sec	243	878	03
Couvignon	346	1.342	76
Engente	86	512	45
Fontaine	232	567	79
Jaucourt	189	661	01
Juvancourt	211	830	54
Lignol	248	2.184	63
Longchamp	759	1.639	87
Montier-en-l'Isle	269	1.054	69
Proverville	379	700	23
Rouvres	246	838	»
Urville	320	1.219	84
Ville-sous-Laferté	2.414	1.976	12
Voigny	230	708	52
Canton de Bar-s-Aube	14.508	29.885	34
Bétignicourt	75	318	41
Blaincourt	134	581	41
Blignicourt	90	427	24
Brienne-la-Vieille	363	1.621	36
Brienne-le-Chât.	1.815	2.156	32
Courcelles	38	491	67
Dienville	802	2.035	96
Epagne	175	891	23
Hampigny	336	949	47
Lassicourt	89	772	49
Lesmont	443	993	55
Maizières	239	950	65
Mathaux	360	1.247	»
Molins	111	644	70
Pel-et-Der	266	1.323	11
Perthes	82	371	67
Précy-Notre-Dame	99	452	50
Précy-Saint-Martin	337	651	»
Radonvilliers	471	2.329	50
Rances	115	381	17
Rosnay-l'Hôpital	375	1.249	»
Saint-Christophe	46	486	75
St-Léger-ss-Brienne	278	1.394	95
Vallentigny	221	1.550	73
Yèvres	111	831	95
Canton de Brienne	7.471	24.558	60
Chaise (la)	71	881	65
Chaumesnil	99	1.107	64
Colombé-la-Fosse	357	931	81
Crespy	145	1.018	67
Eclance	198	1.148	14
Epothémont	233	1.043	13
Fresnay	107	753	71
Fuligny	122	1.034	25
Juzanvigny	141	764	22
Lévigny	215	1.375	13
Maisons	95	615	71
Morvilliers	425	1.564	21
Petit-Mesnil	227	1.395	67
La Rothière	94	803	19
Saulcy	137	1.139	20
Soulaines	542	2.004	39
Thil	300	1.941	50
Thors	87	832	75
Vernonvilliers	137	766	»
Ville aux-Bois	68	555	65
Ville-sur-Terre	313	1.600	83
Canton de Soulaines	4.113	23.285	14
Amance	384	2.289	14
Argançon	187	820	37
Bligny	305	2.272	84
Bossancourt	255	658	70
Champ-sur-Barse	58	712	37
Dolancourt	207	487	77
Fravaux	72	372	01
Jessains	355	1.087	92
Juvanzé	47	493	89
Loge-aux-Chèvres	122	281	82
Magny-Fouchard	246	1 517	»
Maison-des-Champs	63	435	34
Meurville	263	1.635	31
Spoy	371	1.035	73
Trannes	348	1.011	42
Unienville	216	1.180	05
Vauchonvilliers	236	1.161	57
Vendeuvre-sur-B	1.971	5.193	82
Villeneuve-au-Ch. (la)	403	1.094	52
Canton de Vendeuvre	6.109	23.741	59
Arrondissem\u1d57 de Bar-sur-Aube	**32.201**	**101.472**	**67**

Arrondissement de Bar-sur-Seine

COMMUNES	Populatⁿ	Superficie		COMMUNES	Populatⁿ	Superficie	
	habit.	hect	a.		habit	hect.	a.
Bar-sur-Seine ...	3.107	2.754	28	Bertignolles	137	619	50
Bourguignons	286	1.640	93	Beurey	306	1.733	29
Briel.............	181	1.245	»	Buxières.........	235	1.042	82
Buxeuil...........	235	442	70	Chacenay.........	133	1.328	54
Chappes	534	994	70	Chervey	356	780	48
Chauffour-les-Bailly..	130	1.900	83	Cunfin...........	552	3.312	23
Courtenot.........	206	836	55	Eguilly	178	1.006	29
Fouchères	414	862	74	**Essoyes**	1.116	3.557	42
Fralignes	142	513	64	Fontette	363	1.936	02
Jully-sur-Sarce	383	3.041	75	Landreville..	852	1.419	70
Marolles-les-Bailly ..	151	440	10	Loches-sur-Ource ...	684	1.371	71
Merrey	367	838	44	Longpré	157	1.561	07
Poligny	60	159	41	Magnant..........	312	1.518	33
Romilly-les-Vaudes..	471	4.238	19	Montmartin.... ...	156	160	71
Sᵗ-Parres-les-Vaudes.	414	288	39	Noé-les-Mallets.....	244	837	11
Vaudes	304	756	86	Puits-et-Nuisement .	237	1.218	49
Villemorien	249	1.380	41	Saint-Usage	182	1.630	26
Villemoyenne.......	409	1.221	44	Thieffrain	213	736	70
Ville-sur-Arce	489	1.615	65	Verpillières	248	1.793	37
Villiers-sous-Praslin .	172	838	32	Vitry-le-Croisé.....	580	3.231	35
Villy-en-Trodes	274	1.791	43	Viviers..........	193	604	45
Virey-sous-Bar	502	1.085	63				
Canton de Bar-s-Seine	9.180	28.887	39	Canton d'Essoyes ...	7.434	31.399	84
Avreuil	277	1.032	61	Celles-sur-Ource ...	709	955	83
Balnot-la-Grange ...	243	2.010	19	Courteron.........	200	1.032	76
Bernon	382	1.790	86	Gyé-sur-Seine......	812	2.634	63
Chaource	1.138	3.106	30	**Mussy-sur-Seine** .	1.310	3.274	»
Chaserey	109	686	»	Neuville-sur-Seine .	611	1.441	49
Chesley	579	2.116	79	Plaines..........	463	606	49
Coussegrey	389	1.593	84	Polisot	370	1.050	81
Cussangy	401	2.139	06	Polisy...........	296	1.134	91
Etourvy	330	1.541	15	Canton de Mussy-s-S.	4.861	11.860	92
Granges (les).......	113	161	52				
Lagesse	300	1.257	33				
Lantages.........	334	1.887	43	Arre-les	219	1.436	01
Lignières........	453	2.479	11	Avirey-Lingey......	487	1.784	97
Loge-Pomblin (la)...	112	522	02	Bagneux-la-Fosse ...	470	2.293	42
Loges-Margueron (les)	272	3.120	59	Balnot-sur-Laignes..	286	1.012	58
Maisons (les)	301	585	28	Beauvoir..........	142	687	71
Metz-Robert	86	424	70	Bragelogne	360	1.650	84
Pargues	301	1.398	38	Channes	255	1.426	01
Praslin	118	1.197	86	**Riceys (les)**	2.140	4.292	27
Prusy	172	394	89	Canton des Riceys ..	4.359	14.583	81
Turgy	159	998	63				
Vallières.........	280	834	»	**Arrondissemᵗ de Bar-sur-Seine.**	33.567	123.143	82
Vanlay	573	2.589	59				
Villiers-le-Bois	235	515	34				
Vougrey	76	417	21				
Canton de Chaource .	7.733	36.411	86				

Arrondissement de Nogent-sur-Seine

COMMUNES	Populat	Superficie		COMMUNES	Populat	Superficie	
	habit.	hect.	a.		habit.	hect.	a.
Avant-les-Marcilly ..	462	2.762	22	Quincey	105	807	56
Avon-la-Pèze	193	1.269	92	Saint-Aubin	420	1.791	16
Bercenay-le-Hayer..	203	1.462	72	Saint-Nicolas	120	1.153	73
Bourdenay	166	1.868	79	Soligny-les-Etangs ..	266	1.593	82
Charmoy	69	688	21	Trainel	1.104	1.999	38
Dierrey-Saint-Julien.	263	2.124	56	Canton de Nogent-s-S.	9.342	19.810	95
Dierrey-Saint-Pierre.	225	2.161	16				
Echemines	94	1.820	26	Crancey	483	886	71
Faux-Villecerf	210	2.130	20	Ferreux............	253	724	48
Fay..............	161	576	90	Fontaine-les-Grès ..	410	623	89
Marcilly-le-Hayer	574	3.434	65	Fosse-Corduan (la)..	262	373	35
Marigny-le-Châtel ..	892	2.031	09	Gelannes	637	1.207	91
Mesnil-Saint-Loup ..	278	1.539	70	Maizières-la-G^{de}-Par^c	1.242	2.045	82
Pâlis.............	1.059	2.089	25	Origny-le-Sec	722	1.630	59
Planty	467	1.079	53	Orvilliers	336	2.392	27
Pouy.............	294	1.582	20	Ossey-les-3-Maisons.	373	1.624	54
Prunay-Belleville ...	209	1.129	33	Pars-les-Romilly ...	302	1.786	63
Rigny-la-Nonneuse..	155	2.055	67	**Romilly-sur-Seine**	11.652	2.513	03
Saint-Flavy	213	3.160	07	Saint-Hilaire.......	340	2.003	53
Saint-Lupien.......	181	2.292	11	St-Loup-de-Buffigny.	182	1.016	12
Trancault	236	2.695	46	St-Martin-de-Bossen.	401	1.390	26
Villadin	255	1.234	93	Canton de Romilly-s-S	17.595	21.026	69
Canton de Marcilly..	6.859	40.788	93				
				Barbuise	401	1.808	86
Bouy-sur-Orvin.....	108	669	78	Montpothier	368	772	09
Courceroy.........	188	668	09	Périgny-la-Rose....	165	682	63
Fontaine-Mâcon	479	1.596	26	Plessis-Barbuise....	184	550	37
Fontenay-de-Bossery.	85	839	42	Saulsotte (la)	586	1 893	51
Gumery	307	1.092	09	**Villenauxe**	2.168	1.805	46
Lauptière-Thénard (la)	244	938	44	Villeneuve-au-Ch.(la)	159	617	18
Marnay............	341	1.009	97	Canton de Villenauxe.	4.031	8.130	11
Mériot (le)	423	1.261	82				
Motte-Tilly (la)	400	1.157	»	Arrondissem^t de			
Nogent-sur-Seine	3.976	1.992	70	**Nogent-s-Seine.**	37.827	89.766	68
Plessis-Gâtebled	98	430	26				
Pont-sur-Seine.....	678	1.617	03				

Arrondissement de Troyes

COMMUNES	Populat	Superficie		COMMUNES	Populat	Superficie	
	habit.	hect.	a.		habit.	hect.	a.
Aix-en-Othe	2.523	3.476	63	Paisy-Cosdon	364	1.783	66
Bérulles	482	1.649	69	Rigny-le-Ferron	794	1.904	23
Maraye-en-Othe	665	4.231	28	St-Benoit-sur-Vanne.	330	1.667	92
Nogent-en-Othe	94	906	12	Saint-Mards-en-Othe.	1.094	3.140	38

COMMUNES	Populatⁿ	Superficie	
	habit	hect.	a.
Villemoiron.........	411	1.249	18
Vulaines.........	242	871	69
Canton d'Aix-en-Othe	6.999	20.880	78
Assenay..........	59	341	74
Bordes (les).......	199	549	25
Bouilly.........	520	1.549	21
Buchères	422	732	46
Cormost........	165	1.135	70
Crésantignes	275	210	51
Fays............	151	58	20
Isle-Aumont	118	349	66
Javernant........	167	562	50
Jeugny..........	400	1.585	28
Lirey..........	133	480	89
Longeville........	87	415	27
Mâchy	118	273	05
Maupas (les)	89	426	»
Montceaux	214	1.010	44
Moussey	265	724	95
Roncenay.........	76	382	04
St-Jean-de-Bonneval.	303	614	34
St-Léger-près-Troyes	277	921	21
Saint-Pouange	143	1.002	08
Saint-Thibault	261	1.174	44
Sommeval.........	309	957	18
Souligny.........	221	1.058	66
Vendue-Mignot (la)..	200	1.048	49
Villemereuil.......	173	780	47
Villery..........	176	358	24
Villy-le-Bois	43	541	35
Villy-le-Maréchal ...	116	329	17
Canton de Bouilly...	5.680	19.571	88
Auxon..........	1.115	2.548	45
Chamoy	519	1.671	11
Chessy	785	2.567	87
Coursan.........	177	927	07
Courtaoult	171	836	97
Croûtes (les).......	202	710	19
Davrey.........	331	967	20
Eaux-Puiseaux	404	861	12
Ervy.........	1.376	2.140	22
Marolles-s-Lignières.	461	1.511	78
Montfey.........	250	1.148	36
Montigny	314	1.461	22
Racines..........	294	750	30
Saint-Phal........	514	3.328	39
Villeneuve-au-Chemin	331	331	72

COMMUNES	Populatⁿ	Superficie	
	habit.	hect.	a.
Vosnon	339	1.282	98
Canton d'Ervy	7.583	21.534	27
Bercenay-en-Othe...	383	1.785	18
Bucey-en-Othe.. ..	335	1.270	35
Chennegy.........	512	2.342	28
Estissac.........	1.905	2.580	90
Fontvannes........	279	1.301	21
Messon	285	1.149	99
Neuville-sur-Vanne..	401	1.725	49
Prugny..........	157	862	93
Vauchassis........	490	2.416	61
Villemaur-sur-Vanne.	649	1.965	19
Canton d'Estissac...	5.396	17.400	13
Bouranton.........	226	815	15
Clérey...........	712	1.879	»
Courteranges	185	1.148	08
Fresnoy	264	1.148	08
Laubressel	285	1.674	39
Lusigny.........	993	3.791	95
Mesnil-Saint-Père ..	425	1.745	22
Montaulin.........	353	1.240	32
Montiéramey	466	673	99
Montreuil.........	337	1.313	27
Rouilly-Saint-Loup..	273	1.126	23
Ruvigny.........	117	414	98
Thennelières.......	199	637	09
Verrières	356	996	53
Canton de Lusigny ..	5.191	18.089	40
Assencières	62	741	07
Auzon	198	784	57
Bouy-Luxembourg ..	213	1.204	14
Brevonnes........	663	1.977	»
Dosches	249	2.069	83
Géraudot	462	1.673	24
Luyères	196	1.237	36
Mesnil-Sellières	312	837	46
Montangon	144	1.187	06
Onjon...........	309	2.230	42
Piney.........	1.254	7.098	06
Rouilly-Sacey	318	1.845	64
Villehardouin......	180	786	42
Canton de Piney....	4.560	24.172	27

COMMUNES	Populatⁿ	Superficie		COMMUNES	Populatⁿ	Superficie	
	habit.	hect.	a.		habit.	hect.	a.
Creney	403	1.575	61	Rivière-de-Corps (la)	281	719	69
Lavau	170	573	44	Saint-Lyé	776	3.270	14
Mergey	425	1.501	14	Sainte-Savine	6.848	759	56
Pont-Sainte-Marie	704	398	09	Torvilliers	327	1.216	74
St-Benoît-sur-Seine	254	1.177	81	Villeloup	116	1.638	99
Sainte-Maure	481	2.091	68	Bréviandes	522	603	50
St-Parres-aux-Tertres	581	1.187	46	Laines-aux-Bois	360	1.643	54
Vailly	180	1.125	16	Rosières	200	656	»
Villacerf	352	963	29	Saint-André	1.796	579	44
Villechétif	291	1.224	09	Saint-Germain	424	1.379	85
Barberey	298	934	95	Saint-Julien	1.431	522	46
Chapelle-St-Luc (la)	1.117	1.044	73	Troyes	55.486	1.290	62
Macey	257	2.048	67	Cantons de Troyes	75.348	35.308	44
Montgueux	260	1.124	91				
Noës (les)	225	70	61	**Arrondissem^t de**			
Pavillon (le)	185	2.296	88	**Troyes**	110.757	156.967	17
Payns	598	1.697	42				

RÉCAPITULATION

CANTONS	Nombre de comⁿ	Population	Superficie	
			hect.	a.
Arcis-sur-Aube	22	8.826	36.000	17
Chavanges	17	3.644	17.799	33
Méry-sur-Seine	26	9.000	39.917	71
Ramerupt	28	5.214	37.097	44
Arrondissement d'Arcis-sur-Aube	93	26.684	128.814	65
Bar-sur-Aube	23	14.508	29.855	34
Brienne-le-Château	25	7.471	24.558	60
Soulaines	21	4.113	23.285	14
Vendeuvre	19	6.109	23.741	59
Arrondissement de Bar-sur-Aube	88	32.201	101.472	67
Bar-sur-Seine	22	9.180	28.887	39
Chaource	25	7.733	36.411	86
Essoyes	21	7.434	31.399	84
Mussy-sur-Seine	8	4.861	11.860	92
Riceys (les)	8	4.359	14.583	81
Arrondissement de Bar-sur-Seine	84	33.567	123.143	82
Marcilly-le-Hayer	22	6.859	40.788	93
Nogent-sur-Seine	17	9.342	19.810	95
Romilly-sur-Seine	14	17.595	21.026	69
Villenauxe	7	4.031	8.130	11
Arrondissement de Nogent-s-Seine	60	37.827	89.766	68

CANTONS	Nombre de comm'	Population	Superficie	
			hect.	a.
Aix-en-Othé	10	6.999	20.880	78
Bouilly	28	5.680	19.571	88
Ervy	16	7.583	21.534	27
Estissac	10	5.396	17.400	13
Piney	14	5.191	18.089	40
Lusigny	13	4.560	24 172	27
Troyes { 1er Canton	10	18.507		
2e id.	12	33.237	35.308	44
3 id.	6	23.604		
	1			
Arrondissement de Troyes	120	110.757	156.967	18
Département de l'Aube	**445**	**241.036**	**600.143**	**»**

qui existaient entre les provinces et de ramener toutes les
parties de la France aux mêmes lois et au même esprit.
Mais cette division arbitraire ne tenait pas assez compte
des régions naturelles, et il nous semble qu'il eut été préférable de se baser sur la géologie, le genre de culture ou
l'industrie, de façon à former des centres agricoles, viticoles
ou industriels, qui auraient eu des intérêts communs à
soutenir.

Population. — Il résulte des tableaux précédents que
le Département de l'Aube, avec sa faible population de
241.036 habitants, se trouve parmi les moins peuplés
de France, se classant le 74° et n'étant suivi que par quelques départements du Centre ou des Alpes. Les causes en
sont nombreuses, le département de l'Aube est essentiellement agricole et ne compte qu'une seule grande ville,
Troyes, dont la population atteint près du quart de la
population totale. A part l'industrie très prospère de la
bonneterie à Troyes, à Romilly-sur-Seine et dans quelques
communes de la forêt d'Othe, les autres industries sont
très faibles.

Répartition des communes d'après leur population

CANTONS	0 à 100		100 à 250		250 à 500		500 à 750		750 à 1.000		1.000 à 2.500		X 2.500		TOTAUX	
	Nre	Popul	Nre	Popul	Nre	Popul	Nre	Popul	Nre	Popul	Nre	Popul	Nre	Popul	Nre	Popul
Arcis-sur-Aube	1	78	12	1.942	5	1.552	2	1.094	»	»	1	1.127	1	3.033	22	8.826
Chavanges	1	67	13	2.168	2	605	»	»	1	804	»	»	»	»	17	3.644
Méry-sur-Seine	»	»	12	2.112	9	2.911	3	1.689	»	»	2	2.288	»	»	26	9.000
Ramerupt	6	340	16	2.468	6	2.406	»	»	»	»	»	»	»	»	28	5.214
Arr^t d'Arcis-s-Aube	8	485	53	8.690	22	7.474	5	2.783	1	804	3	3.415	1	3.033	93	26.684
Bar-sur-Aube	1	86	10	2.145	7	2.383	1	671	1	759	2	3.931	1	4.533	23	14.508
Brienne-le-Château	7	519	7	1.106	9	3.229	»	»	1	802	1	1.815	»	»	25	7.471
Soulaines	6	514	10	1.662	4	1.395	1	542	»	»	»	»	»	»	21	4.113
Vendeuvre	4	240	6	1.214	8	2.684	»	»	»	»	1	1.971	»	»	19	6.109
Arr^t de Bar-sur-Aube	18	1.359	33	6.127	28	9.691	2	1.213	2	1.561	4	7.717	1	4.533	88	32.201
Bar-sur-Seine	1	60	9	1.700	10	3.811	1	502	»	»	»	»	1	3.107	22	9.180
Chaource	2	162	8	1.261	12	4.020	2	1.152	»	»	1	1.138	»	»	25	7.733
Essoyes	»	»	12	2.313	4	1.337	3	1.816	1	852	1	1.116	»	»	21	7.434
Mussy-sur-Seine	»	»	»	»	4	1.419	2	1.320	1	812	1	1.312	»	»	8	4.861
Riceys (les)	»	»	2	361	5	1.858	»	»	»	»	1	2.140	»	»	8	4.359
Arr^t de Bar-s-Seine	3	222	31	5.635	35	12.445	8	4.790	2	1.664	4	5.704	1	3.107	84	33.567
Marcilly-le-Hayer	2	163	11	2.152	6	2.019	1	574	1	892	1	1.059	»	»	22	6.859
Nogent-sur-Seine	2	183	5	765	7	2.636	1	678	»	»	1	1.104	1	3.976	17	9.342
Romilly-sur-Seine	»	»	1	182	9	3.160	2	1.359	»	»	1	1.242	1	11.652	14	17.595
Villenauxe	»	»	3	508	2	769	1	586	»	»	1	2.168	»	»	7	4.031
Arr^t de Nogent-s S.	4	346	20	3.607	24	8.584	5	3.197	1	892	4	5.573	2	15.628	60	37.827
Aix-en-Othe	1	94	1	242	4	1.587	1	665	1	794	1	1.094	1	2.523	10	6.999
Bouilly	5	354	14	2.294	8	2.512	1	520	»	»	»	»	»	»	28	5.680
Ervy	»	»	4	800	7	2.474	2	1.033	1	785	2	2.491	»	»	16	7.583
Estissac	»	»	3	721	4	1.609	2	1.161	»	»	1	1.905	»	»	10	5.396
Lusigny	»	»	4	727	8	2.759	1	712	1	993	»	»	»	»	14	5.191
Piney	1	62	6	1.180	4	1.401	1	663	»	»	1	1.254	»	»	13	4.560
Troyes 1er Canton	»	»	2	350	6	2.206	2	1.285	»	»	»	»	»	»	10	3.841
Troyes 2e »	»	»	3	526	5	1.423	1	598	1	776	1	1.117	1	6.848	12	11.288
Troyes 3e »	»	»	1	200	2	784	1	522	»	»	2	3.227	»	»	6	4.733
»	»	»	»	»	»	»	»	»	»	»	»	»	»	»	1	55.486
Arr^t de Troyes	7	510	38	7.040	48	16.755	12	7.159	4	3.348	8	11.088	2	9.371	120	110.757
Départ^t de l'Aube	40	2.922	175	31.099	157	54.949	32	19.142	10	8.269	23	33.497	7	35.672	445	241.036

La pauvreté du sol dans l'arrondissement d'Arcis-sur-Aube a concentré les villages sur les rives de l'Aube et a laissé d'immenses étendues dépourvues d'agglomérations ; un seul exemple typique suffira pour caractériser ce fait : de Méry-sur-Seine à Arcis-sur-Aube, la route départementale, sur une longueur de 18 kilomètres, ne traverse pas un seul village. Les arrondissements de Bar-sur-Aube et de Bar-sur-Seine possèdent de très grandes forêts (forêts de Soulaines, de Clairvaux, du Grand-Orient, d'Aumont, de Chaource, etc.), dont plus de 25,000 hectares appartiennent à l'Etat et dont les populations éparses sont très faibles.

De ces différents faits, il résulte que la population du département est très inégalement répartie, alors que l'arrondissement de Troyes compte 110,757 habitants, celui de Nogent ne compte plus que 37,827 habitants, celui de Bar-sur-Seine 33,567, celui de Bar-sur-Aube 32,201 et enfin celui d'Arcis ne compte que 26,684 habitants, soit environ le 1/9 de la population totale du département.

Répartition des communes d'après leur population.

(Voir le tableau page 143.)

Le département de l'Aube est avant tout un département de petites communes : 40, véritables communes d'opérettes, n'ont pas 100 habitants ; la grosse majorité, 175 sur 445, ont une population comprise entre 100 et 250 habitants ; 157 petites communes ont de 250 à 500 habitants ; 32 seulement ont de 500 à 750 habitants ; 10, de 750 à 1,000 ; 23, de 1,000 à 2,500 ; 7 seulement ont plus de 2,500 habitants, et enfin une seule, Troyes, dépasse 50,000 habitants.

Répartition des communes d'après leur superficie

CANTONS	— 100 hectares	100 à 500 hectares	500 à 1.000 h.	1.000 à 2.000 h.	2.000 à 3.000 h.	3.000 à 4.000 h.	4 000 à 5.000 h.	+ 5.000 hectares
Arcis-sur-Aube.....	»	»	6	9	6	»	1	»
Chavanges	»	1	8	7	1	»	»	»
Méry-sur-Seine	»	»	3	20	3	»	»	»
Ramerupt.........	1	2	11	9	3	1	1	»
Arrᵗ d'Arcis-s-Aube..	1	3	28	45	13	1	2	»
Bar-sur-Aube......	»	1	10	9	2	»	1	»
Brienne..........	»	7	9	6	3	»	»	»
Soulaines	»	»	9	11	1	»	»	»
Vendeuvre	»	5	3	8	2	»	»	1
Arrᵗ de Bar-sur-Aube	»	13	31	34	8	»	1	1
Bar-sur-Seine......	»	4	7	8	1	1	1	»
Chaource	»	4	6	8	5	2	»	»
Essoyes	»	1	5	12	»	3	»	»
Mussy-sur-Seine....	»	»	2	4	1	1	»	»
Riceys (les)	»	»	1	5	1	»	1	»
Arrᵗ de Bar-s-Seine.	»	9	21	37	8	7	2	»
Marcilly-le-Hayer ...	»	»	2	9	9	2	»	»
Nogent-sur-Seine ...	»	1	5	11	»	»	»	»
Romilly-sur-Seine ...	»	1	3	6	4	«	»	»
Villenauxe.........	»	»	4	3	»	»	»	»
Arrᵗ de Nogent-s-S..	»	2	14	29	13	2	»	"
Aix-en-Othe	1	»	2	5	»	2	1	»
Bouilly..........	»	10	9	8	»	»	»	»
Ervy............	»	1	6	5	3	1	»	»
Estissac	»	»	1	6	3	»	»	»
Lusigny	»	1	4	8	»	1	»	»
Piney	»	»	4	6	2	»	»	1
Troyes { 1ᵉʳ canton.	»	»	2	6	1	»	»	»
Troyes { 2ᵉ »	1	1	3	5	2	1	»	»
Troyes { 3ᵉ » et ville	»	»	4	3	»	»	»	»
Arrᵗ de Troyes.....	2	13	35	52	11	5	1	1
Totaux...........	3	40	129	197	53	15	6	2

Au point de vue de la proportion °/₀ :

8.96 °/₀ des communes représentant 1.20 °/₀ de la population totale n'ont
  pas 100 habitants ;
39.33 des communes représentant 12.89 ont de 100 à 250 habitants ;
35.29   —   22.78 → 250 à 500 —
 7.20   —   7.93 — 500 à 750 —
 2.25   —   3.57 — 750 à 1.000 —
 5.18   —   13.87 — 1.000 à 2.500 —
 1.57   —   14.75 ont plus de 2.500 —
 0.22   —   23.01 —   50.000 —

L'arrondissement d'Arcis-sur-Aube est surtout celui des petites communes, 61 sur 93 n'ont pas 250 habitants ; il en est de même pour l'arrondissement de Bar-sur-Aube, dont 51 communes sur 88 n'arrivent pas non plus à ce même chiffre de population ; par contre, celui de Bar-sur-Seine ne compte que 34 petites communes ; celui de Nogent-sur-Seine 24 et celui de Troyes 45 sur un total de 120 communes.

Il est à remarquer que ces très petites communes se rencontrent surtout dans les cantons de Ramerupt, Soulaines, Brienne-le-Château et Bouilly ; le canton de Ramerupt ne compte pas une seule commune ayant plus de 500 habitants, et dans les cantons de Soulaines et de Bouilly, les chefs-lieux dépassent à peine ce chiffre.

Répartition des communes d'après leur superficie.

(Voir le tableau page 145.)

Les communes du département de l'Aube ont un territoire moins variable que leur population, si nous exceptons trois communes dont le territoire insignifiant est inférieur à 100 hectares (Mesnil-la-Comtesse, 95 h. 29, Fays, 58 h. 20 et les Noës, 70 h. 61) et deux autres communes dont le territoire dépasse 5.000 h. (Vendeuvre-sur-Barse, 5.193 h. 82 et Piney, 7.098 h. 06), la presque totalité des autres ont des territoires variant entre 500 et 2.000 hectares.

Au point de vue de la proportion °/₀ :

3 communes représentant 0.68 °/o du département ont un territoire inférieur à 100 hectares.

40 communes représᵗ	8.98	ont un territoire compris entre	100 et	500 h.
129	—	28.99	—	500 et 1.000 h.
197	—	44.27	—	1.000 et 2.000 h.
53	—	11.91	—	2.000 et 3.000 h.
15	—	3.37	—	3.000 et 4.000 h.
6	—	1.35	—	4.000 et 5.000 h.
2	—	0.45	ont un territoire supérieur à	5.000 hectares.

Densité de la population. — Si la population totale du département de l'Aube est relativement très faible, la densité au kilomètre carré, étant donnée l'étendue du territoire, est encore plus basse. Le département de l'Aube étant le 74ᵉ au point de vue de la population et n'étant que le 44ᵉ au point de vue de la superficie, il en résulte que la densité n'est que de 40 h. 16 au kilomètre carré, alors que la moyenne générale de la France est de 73.83. Le département de l'Aube se classe ainsi, avec ce chiffre aussi bas, le 78ᵉ de France.

Et cependant le département de l'Aube est si différent d'un arrondissement à un autre, que la densité en varie énormément ; grâce à l'agglomération très importante de la ville de Troyes, l'arrondissement chef-lieu arrive à une moyenne de 70 h. 49 au kilomètre carré, légèrement inférieure à la moyenne générale de la France ; mais immédiatement après, l'arrondissement de Nogent ne donne plus que 42 h. 14 ; celui de Bar-sur-Aube descend encore avec 31 h. 73 ; celui de Bar-sur-Seine n'a plus que 27 h. 26, et enfin, loin derrière tous les autres, l'arrondissement d'Arcis-sur-Aube n'a plus qu'un chiffre très faible de 20 h. 71 au kilomètre carré.

Densité de la population

CANTONS	Population	Superficie		Densité au Kmq
		hect.	a.	
Arcis-sur-Aube	8.826	36.000	17	24.52
Chavanges	3.644	17.799	33	20.47
Méry-sur-Seine	9.000	39.917	71	22.54
Ramerupt	5.214	37.097	44	14.05
Arrondissement d'Arcis-sur-Aube	26.684	128.814	65	20.71
Bar-sur-Aube	14.508	29.885	34	48.54
Brienne-le-Château	7.471	24.558	60	30.42
Soulaines	4.113	23.285	14	17.66
Vendeuvre	6.109	23.741	59	25.73
Arrondissement de Bar-sur-Aube	32.201	101.472	67	31.73
Bar-sur-Seine	9.180	28.887	39	31.78
Chaource	7.733	36.411	86	21.24
Essoyes	7.434	31.399	84	23.67
Mussy-sur-Seine	4.861	11.860	92	40.98
Riceys (les)	4.359	14.583	81	29.90
Arrondissement de Bar-sur-Seine	33.567	123.143	82	27.36
Marcilly-le-Hayer	6.859	40.788	93	16.81
Nogent-sur-Seine	9.342	19.810	95	47.66
Romilly-sur-Seine	17.595	21.026	69	83.68
Villenauxe	4.031	8.310	11	49.58
Arrondissement de Nogent-s-Seine	37.827	89.766	68	42.14
Aix-en-Othe	6.999	20.880	78	33.52
Bouilly	5.680	19.571	88	29.02
Ervy	7.583	21.534	27	35.21
Estissac	5.396	17.400	13	31.01
Piney	5.191	18.089	40	28.70
Lusigny	4.560	24.172	27	18.86
Troyes (1er Canton	18.507			
2e id.	33.237	35.308	44	213.40
3e id.	23.604			
Arrondissement de Troyes	110.757	156.967	17	70.49
Département de l'Aube	**241.036**	**600.143**	»	**40.16**

Nous ne pouvons d'ailleurs n'attacher qu'une importance toute relative à ces chiffres, puisque dans l'arrondissement de Nogent-sur-Seine par exemple la densité varie du simple au quintuple (Marcilly-le-Hayer 16.81 au kilomètre carré et Romilly-sur-Seine 83.63), tandis que la population atteint près de 50 habitants au kilomètre carré pour les deux autres cantons.

Il nous semble préférable de classer les cantons par ordre de densité kilométrique, et de déduire pour chacun d'eux les raisons qui ont influencé les chiffres de densité, nous obtenons alors :

Nos d'ordre	CANTONS	Densité	Nos d'ordre	CANTONS	Densité
1-2-3	Cantons de Troyes.	213.40	15	Bouilly	29.02
4	Romilly-sur-Seine .	83.63	16	Lusigny	28.70
5	Villenauxe	49.58	17	Vendeuvre	25.73
6	Bar-sur-Aube	48.54	18	Arcis-sur-Aube	24.52
7	Nogent-sur-Seine	47.66	19	Essoyes	23.67
8	Mussy-sur-Seine	40.98	20	Méry-sur-Seine	22.54
9	Ervy	35.21	21	Chaource	21.24
10	Aix-en-Othe	33.52	22	Chavanges	20.47
11	Bar-sur-Seine	31.78	23	Piney	18.86
12	Estissac	31.01	24	Soulaines	17.66
13	Brienne-le-Château.	30 42	25	Marcilly-le-Hayer	16.81
14	Les Riceys	29.90	26	Ramerupt	14.05

En dehors des trois cantons de Troyes, dont la densité atteint le chiffre élevé de 213 h. 40 au kilomètre carré, cinq cantons seulement ont une moyenne supérieure à la moyenne du département; cinq autres ont une moyenne comprise entre 30 et 40 habitants au kilomètre carré ; neuf une moyenne comprise entre 20 et 30; et quatre enfin une moyenne inférieure à 20. Les cantons de Piney et de Soulaines doivent une aussi faible densité à la présence des forêts importantes de Soulaines et du Grand-Orient; Marcilly-le-Hayer et Ramerupt à l'absence de tout centre important au milieu d'immenses plaines crayeuses où croissent çà et là quelques maigres plantations de pins.

Population urbaine et population rurale. — Nous

avons déjà insisté au cours de cette étude sur le caractère
essentiellement agricole du département de l'Aube; une
seule ville importante, Troyes, prend un essor de plus en
plus considérable; deux autres, nées d'hier, Romilly-sur-
Seine et Sainte-Savine, se développent avec rapidité, en
raison de leur situation géographique ou des nécessités
industrielles; les quatre chefs-lieux d'arrondissement ont
une population stationnaire qui tend cependant à s'accroître
peu à peu et qui oscille entre 3 et 4,000 habitants.

Nous comprendrons sous le nom de population urbaine,
la population totale de ces sept villes, et sous le nom de
population rurale, celle du reste du département; ce qui
nous donne les rapports suivants :

Population urbaine,   7 villes,   88,635 hab., soit 0.37 de la populatⁿ rurale
— rurale, 438 villages, 152,401   —   0.63   —

Totaux .. 445 comm^{es}, 241,036 hab.

D'une façon générale, nous pouvons donc dire que dans
le département de l'Aube, 1/3 de la population vit à la
ville et 2/3 vivent à la campagne ; nous reviendrons plus
loin, dans la deuxième partie de cette étude, sur les déduc-
tions importantes que nous pouvons tirer de cette consta-
tation.

II. — **Mouvements** de la population auboise
de 1831 à 1911

Cette seconde partie est de beaucoup la plus importante
de cette étude; nous avons montré, dans la première, que le
département de l'Aube est un département très peu peuplé;
nous allons prouver, qu'à part de très rares exceptions,
toutes les communes du département ont subi des diminutions parfois fort sensibles et cela d'une manière continue.

Nous avons choisi le recensement de 1831 pour base
de nos calculs pour deux raisons principales : A cette époque,
la population du département était à peu près équivalente à
celle du recensement de 1911, le dernier dont nous ayons
les chiffres; d'autre part, en 1831, la France remise de
ses pertes et des perturbations apportées par la Révolution
et par l'Empire, jouissait d'une période de paix et de prospérité qui ira s'accentuant jusqu'en 1848, et cependant,
comme nous aurons maintes fois l'occasion de le constater,
dès cette époque l'exode vers la ville commence sans que
rien ne puisse arriver à endiguer le flot toujours croissant
des habitants de la campagne qui viennent à la ville chercher désillusions et misère!

Afin de rendre plus clairs les tableaux et surtout les
graphiques qui forment le fond de ce travail, nous n'avons
pris les chiffres de recensement que de dix en dix années,
formant ainsi neuf périodes égales. Quelquefois, nous
avons dû également modifier les chiffres de recensement
cantonaux, afin de pouvoir suivre depuis l'origine telle ou
telle commune qui avait pu changer de canton et même
parfois d'arrondissement : par exemple la population de
la commune de Quincey a été reportée au canton de
Nogent-sur-Seine, bien que cette commune ait appartenu

au canton de Romilly-sur-Seine jusqu'au recensement de 1906 ; de même la population de Marolles-sous-Lignières a été reportée au canton d'Ervy et à l'arrondissement de Troyes, bien que cette commune ait fait partie jusqu'au recensement de 1881 du canton de Chaource et de l'arrondissement de Bar-sur-Seine.

Par contre, la commune de Prunay-Saint-Jean ayant été rattachée au recensement de 1911 à la commune voisine de Saint-Jean-de-Bonneval, nous donnerons à la première, à cette date, le chiffre de population qu'elle avait au recensement de 1906. Il en est de même d'ailleurs de la commune d'Eaux-Puiseaux, distraite de la commune d'Auxon ; de la commune de Courmononcle, rattachée à la commune d'Aix-en-Othe, et de la commune de Saint-Martin-ès-Vignes, rattachée à la ville de Troyes.

Ces modifications sont indispensables pour pouvoir suivre le mouvement des populations auboises depuis 1831 ; elles se réduisent d'ailleurs à quelques unités pour une période de plus de 80 ans.

1° Arrondissement d'Arcis-sur-Aube

(Voir tableaux et graphiques pages suivantes.)

a) CANTON D'ARCIS-SUR-AUBE. — Des vingt-deux communes que compte le canton, trois seulement (Arcis-sur-Aube, Mailly-le-Camp et Nozay) présentent une augmentation sur le recensement de 1831 ; deux (Arcis-sur-Aube et Mailly) ont leur maximum de population en 1911 ; la création du camp retranché dans cette région a permis à ces deux localités d'échapper à la règle commune. Par contre, toutes les autres communes ont une diminution de population ; faible pour quelques-unes, cette diminution s'élève jusqu'à 57 % de la population de 1831 et même

61.24 °/₀ sur le recensement de 1851 pour la commune de Torcy-le-Petit.

b) CANTON DE CHAVANGES. — Plus rapide encore a été le mouvement de la dépopulation rurale dans ce canton : une seule commune, Aulnay, présente une augmentation insignifiante de 9.46 °/₀ sur le recensement de 1831, mais pas une qui n'ait diminué depuis 1861 et pour deux communes la perte dépasse 50 °/₀ avec un maximum de 64.73 °/₀ pour la commune de Villeret.

c) CANTON DE MÉRY-SUR-SEINE. — Une seule commune de ce canton, Mesgrigny, grâce à la présence de sa gare, qui dessert le chef-lieu de canton, voit sa population augmenter du plus du double de 1831 à 1871, mais diminue de recensement en recensement depuis cette époque. La diminution est générale dans tout le canton, pas une seule commune qui ne perde d'année en année et les chiffres varient entre 15.72 °/₀ à Méry-sur-Seine et 51.89 à la Chapelle-Vallon.

d) CANTON DE RAMERUPT. — Des vingt-huit communes que compte ce canton, une seule, Trouan-le-Petit, a une population égale (131 habitants en 1911 et 130 en 1831) à celle du recensement de 1831 ; toutes les autres subissent des pertes excessivement sensibles : onze perdent plus de 50 °/₀ de leur population maximum et le chiffre le plus élevé est donné par la commune d'Ortillon, qui perd depuis 1831 65.95 °/₀ de sa population.

En résumé, des quatre-vingt-treize communes que comptent les quatre cantons de l'arrondissement d'Arcis-sur-Aube, six seulement ont une population plus élevée en 1911 qu'en 1831 ; mais il n'y a plus que deux communes (Arcis-sur-Aube et Mailly-le-Camp et cela pour des raisons spéciales que nous avons indiquées précédemment), dont la population n'ait pas diminué depuis cette époque. Nous

Canton d'Arcis-sur-Aube

COMMUNES	1911	1901	1891	1881	1871	1861	1851	1841	1831
Allibaudières	259	299	317	347	352	392	406	426	408
Arcis-sur-Aube	3.033	2.774	2.841	2.928	2.845	2.815	2.652	2.792	2.673
Aubeterre	141	148	156	190	222	223	246	249	262
Champigny	103	113	136	168	178	209	215	207	232
Charmont	508	510	570	601	623	642	656	721	729
Chéne (le)	219	266	332	346	383	435	460	455	472
Feuges	109	104	108	114	118	125	149	147	144
Fontaines-Luyères	78	67	81	89	80	93	114	116	138
Herbisse	291	308	355	350	358	390	407	401	422
Mailly-le-Camp	1.127	473	545	549	571	642	643	652	684
Montsuzain	323	333	270	297	342	337	325	336	334
Nozay	162	168	169	178	184	199	212	192	148
Ormes	228	272	296	339	342	362	346	368	301
Pouan	586	620	666	767	843	912	956	919	865
Saint-Etienne	132	138	155	150	157	171	156	153	137
Saint-Remy	171	182	203	223	258	266	248	274	265
Semoine	351	389	412	454	454	473	504	504	548
Torcy-le-Grand	219	208	255	269	276	318	329	328	332
Torcy-le-Petit	104	131	170	193	212	240	258	253	242
Villette	168	190	184	216	213	207	238	190	179
Villiers-Herbisse	186	210	235	248	264	301	328	338	298
Voué	328	339	374	430	419	420	428	385	428
Totaux	8.826	8.242	8.830	9.446	9.694	10.178	10.276	10.406	10.104

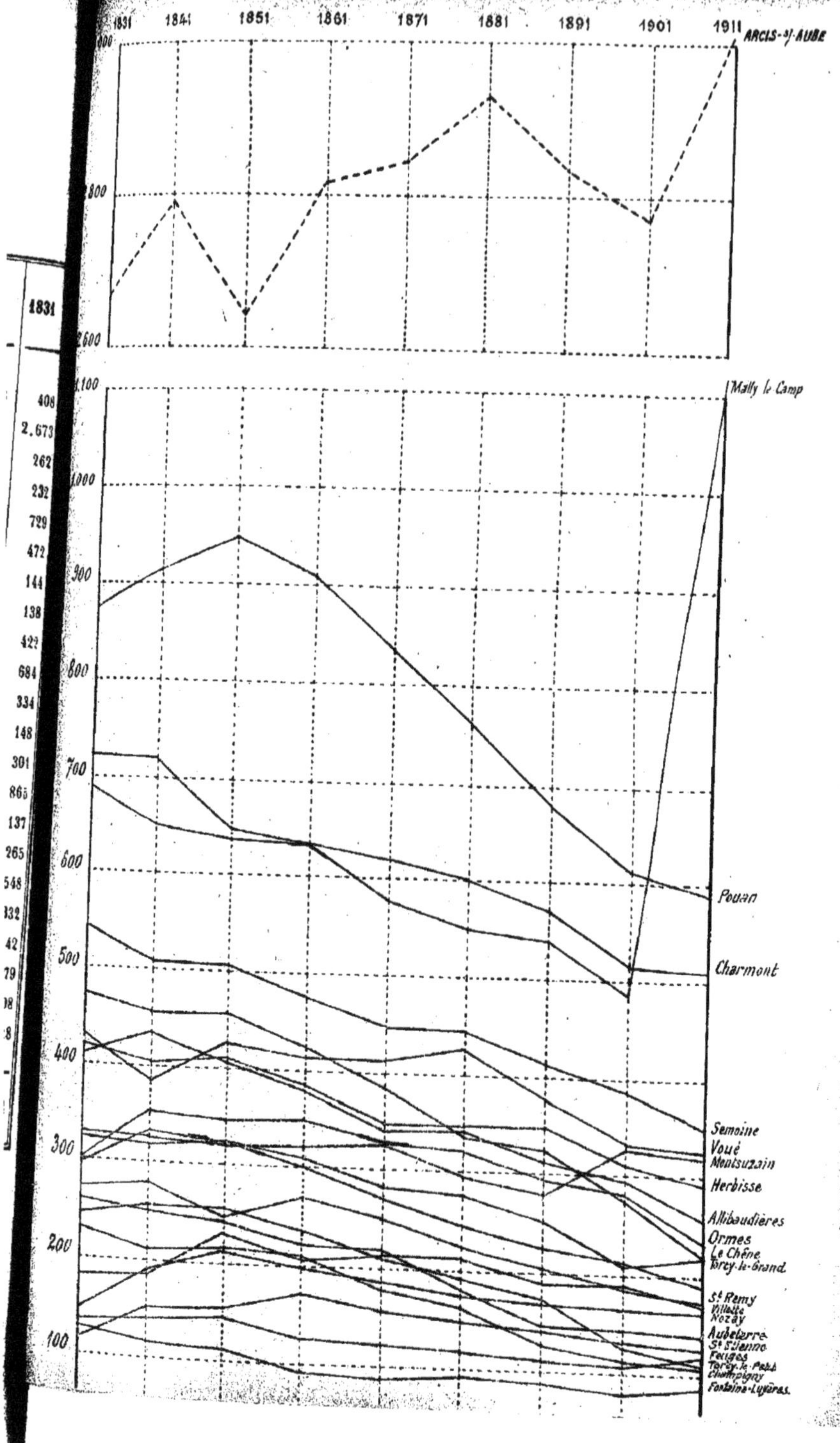

1831 1841 1851 1861 1871 1881 1891 1901 1911
ARCIS-s/-AUBE
Mailly le Camp
Pouan
Charmont
Semoine
Voué
Montsuzain
Herbisse
Allibaudières
Ormes
Le Chêne
Torcy-le-Grand
St Remy
Villette
Nozay
Aubeterre
St Etienne
Feuges
Torcy-le-Petit
Champigny
Fontaine-Luyères

Canton de Chavanges

COMMUNES	1911	1901	1891	1881	1871	1861	1851	1841	1831
Arrembécourt.......	110	133	136	154	148	159	162	158	157
Aulnay	162	146	158	194	211	221	219	195	148
Bailly-le-Franc	148	155	154	161	172	162	174	178	158
Balignicourt	172	167	200	204	215	228	220	223	225
Braux	228	243	263	278	310	354	380	373	366
Chalette	208	216	244	258	265	326	309	311	350
Chassericourt	145	157	179	161	185	209	211	200	220
Chavanges.......	804	835	912	1.011	973	970	1.083	1.093	1.081
Donnement	146	146	166	179	195	204	190	196	191
Jasseines	272	302	315	317	338	388	388	412	387
Joncreuil.........	194	190	199	251	264	268	260	273	260
Lentilles............	333	332	347	372	376	389	452	465	515
Magnicourt	121	135	141	158	187	232	259	245	277
Montmorency	249	265	322	340	361	383	450	465	489
Pars-les-Chavanges .	140	134	150	153	161	188	189	184	164
St-Léger-s-Margerie .	145	178	199	204	224	272	242	240	236
Villeret...........	67	82	90	121	114	117	125	140	190
TOTAUX.....	3.644	3.816	4.175	4.516	4.699	5.067	5.315	5.351	5.414

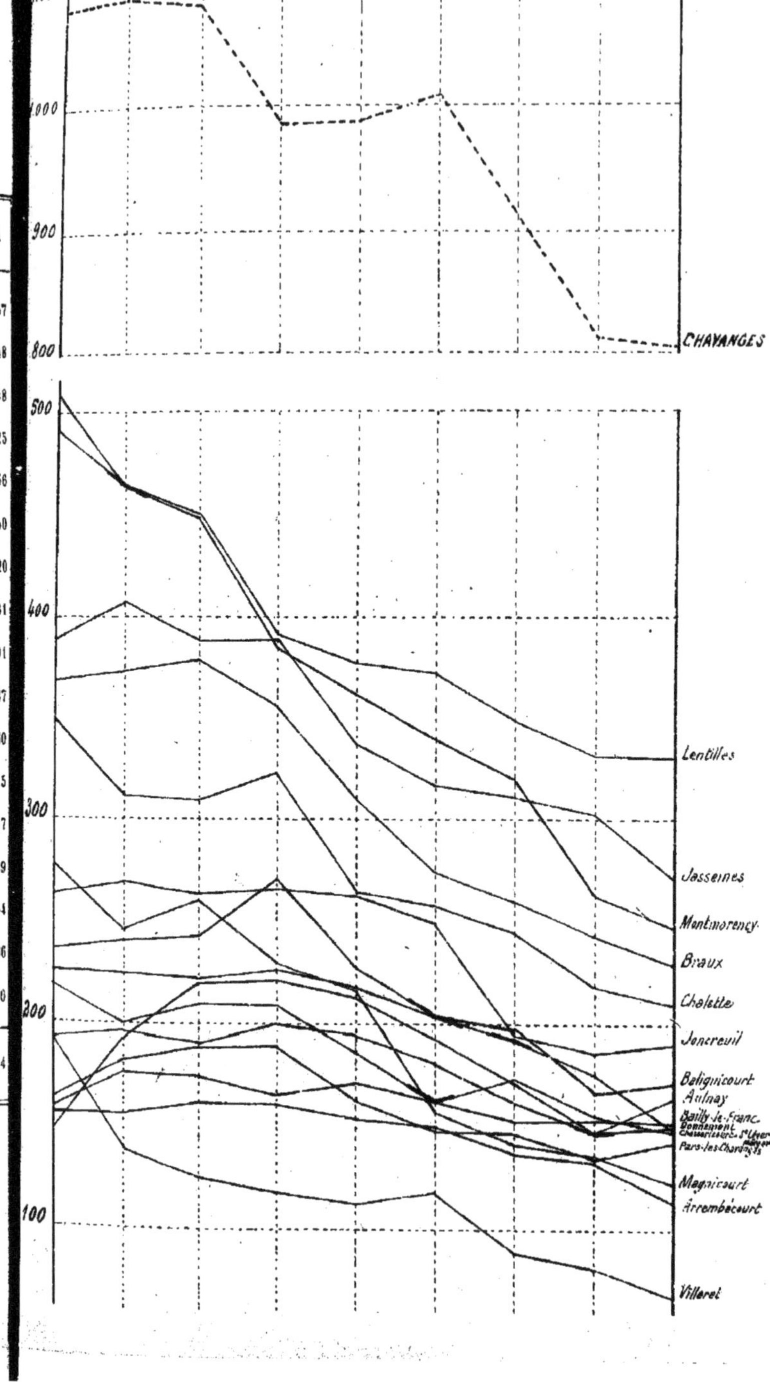
1831
1841
1851
1861
1871
1881
1891
1901
1911
1.100
1.000
900
800
500
400
300
200
100
CHAYANGES
Lentilles
Jasseines
Montmorency
Braux
Chalette
Joncreuil
Balignicourt
Aulnay
Bailly-le-Franc
Donnement
Pars-les-Chavanges
Magnicourt
Arrembécourt
Villeret

Canton de Méry-sur-Seine

COMMUNES	1911	1901	1891	1881	1871	1861	1851	1841	1831
Abbaye-sous-Plancy .	115	131	135	129	152	161	171	144	158
Bessy	176	184	202	228	242	285	268	255	256
Boulages	312	324	369	394	422	476	527	488	479
Champfleury	174	214	219	244	268	301	293	310	287
Chapelle-Vallon	242	314	379	379	421	460	479	503	459
Charny-le-Bachot	183	205	235	257	258	281	303	316	305
Châtres	457	484	514	547	591	600	600	585	536
Chauchigny	269	293	351	394	440	459	461	451	425
Droupt-Saint-Basle . .	353	415	474	521	564	594	576	584	578
Droupt—Sainte-Marie .	296	332	367	384	406	435	399	389	350
Etrelles	198	207	239	228	250	278	285	286	281
Grandes-Chap. (les) .	604	616	616	636	687	735	791	735	758
Longueville	272	269	296	292	318	314	331	327	302
Méry-sur-Seine . .	1.222	1.276	1.372	1.328	1.450	1.419	1.347	1.328	1.362
Mesgrigny	155	150	146	163	190	176	121	80	74
Plancy	1.066	1.109	1.272	1.276	1.220	1.304	1.251	1.192	1.164
Premierfait	152	148	176	189	193	183	203	211	198
Rhèges	281	325	360	398	389	415	436	427	423
Rilly-Sainte-Syre . . .	306	309	368	380	432	461	424	463	439
Saint-Mesmin	516	505	545	553	588	651	630	598	567
Saint-Oulph	208	238	273	283	313	292	311	317	324
Salon	231	242	315	336	328	376	386	395	377
Savières	569	588	639	692	771	774	770	689	674
Vallant-Saint-Georges	365	384	402	428	485	549	525	507	437
Viâpres-le-Grand . . .	115	109	127	145	140	157	156	149	145
Viâpres-le-Petit	163	159	168	211	212	245	253	248	250
Totaux	9.000	9.530	10.559	10.015	11.733	12.381	12.297	11.967	11.572

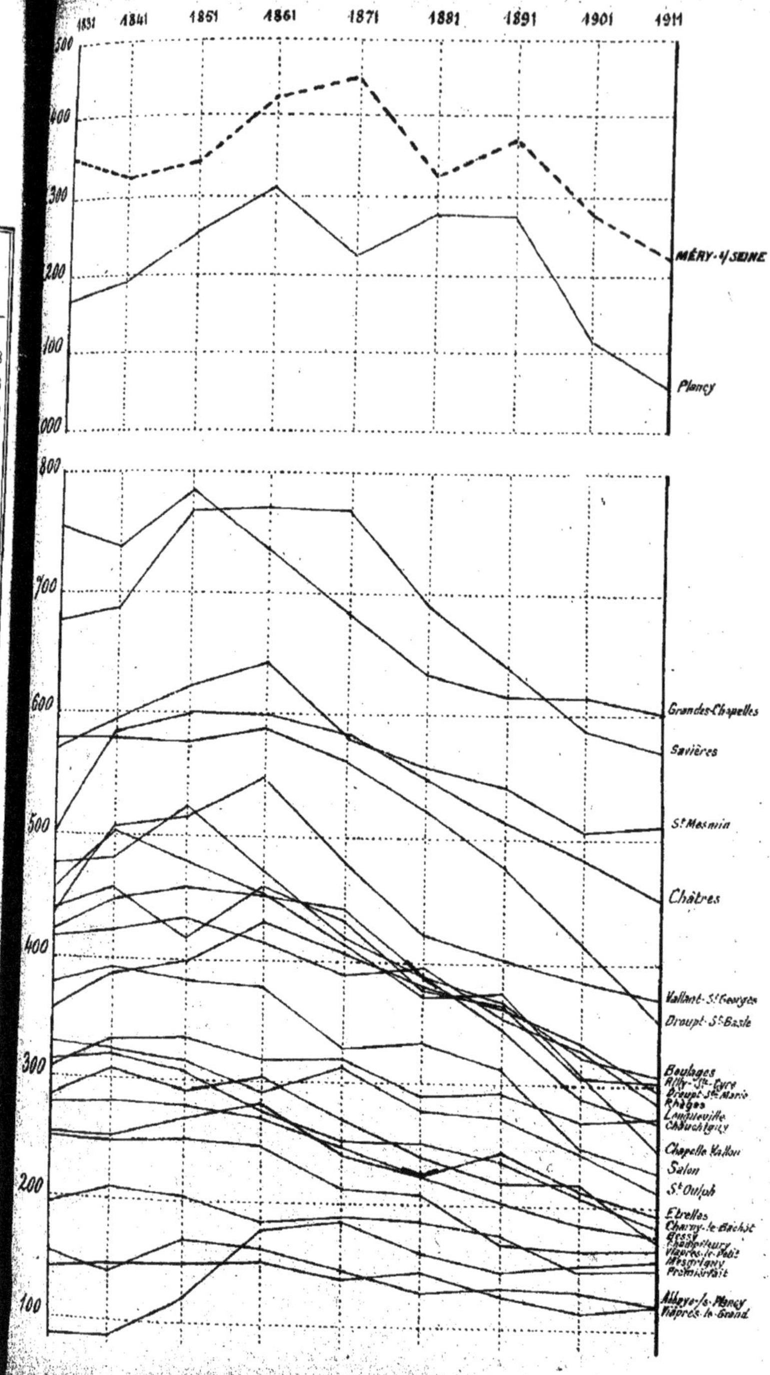

1831 1841 1851 1861 1871 1881 1891 1901 1911
500
400
300
200
100
000
MÉRY-s/SEINE
Plancy
800
700
600
500
400
300
200
100
Grandes-Chapelles
Savières
St Mesmin
Châtres
Vallant-St Georges
Droupt-St Bazile
Boulages
Rilly-Ste-Cyre
Droupt-Ste-Marie
Rhèges
Longueville
Chauchigny
Chapelle Vallon
Salon
St Oulph
Ebrelles
Charny-le-Bachot
Bessy
Champfleury
Viapres-le-Petit
Mesgrigny
Prémierfait
Abbaye-s-Plancy
Viapres-le-Grand

Canton de Ramerupt

COMMUNES	1911	1901	1891	1881	1871	1861	1851	1841	1831
Aubigny	114	113	134	134	147	179	195	203	209
Avant-les-Ramerupt	167	158	189	199	230	241	256	247	270
Brillecourt	115	109	116	104	139	155	154	156	115
Chaudrey	207	230	238	281	316	341	374	394	364
Coclois	210	241	264	264	273	293	306	302	325
Dampierre	467	492	564	588	632	756	751	770	802
Dommartin-le-Coq	122	112	124	152	168	174	188	177	177
Dosnon	142	186	213	241	254	255	289	315	299
Grandville	134	130	137	145	180	202	230	232	266
Isle-sous-Ramerupt	140	197	212	227	251	287	315	351	372
Lhuitre	375	418	438	474	506	585	587	635	646
Longsols	164	172	197	226	224	266	263	256	245
Mesnil-la-Comtesse	62	82	93	91	104	93	98	93	94
Mesnil-Lettre	78	91	106	118	134	169	153	150	158
Morembert	51	68	74	78	86	101	116	142	130
Nogent-sur-Aube	422	446	522	539	541	619	585	602	661
Ortillon	32	45	56	63	65	73	80	86	94
Poivres	261	298	303	327	361	412	433	431	463
Pougy	431	475	517	535	538	567	570	605	632
Ramerupt	450	496	502	528	581	595	604	573	613
Romaines	45	47	58	62	68	70	110	109	88
Saint-Nabord	169	210	262	263	285	317	359	363	380
Trouan-le-Grand	168	186	211	227	236	277	287	326	353
Trouan-le-Petit	131	112	117	133	143	129	134	128	136
Vancogne	100	111	124	138	147	173	192	193	207
Vaupoisson	192	228	260	252	262	327	351	359	342
Verricourt	72	76	76	93	101	110	107	125	149
Vinets	193	221	277	320	359	370	389	386	389
Totaux	5.214	5.750	6.389	6.802	7.331	8.138	8.476	8.729	9.005

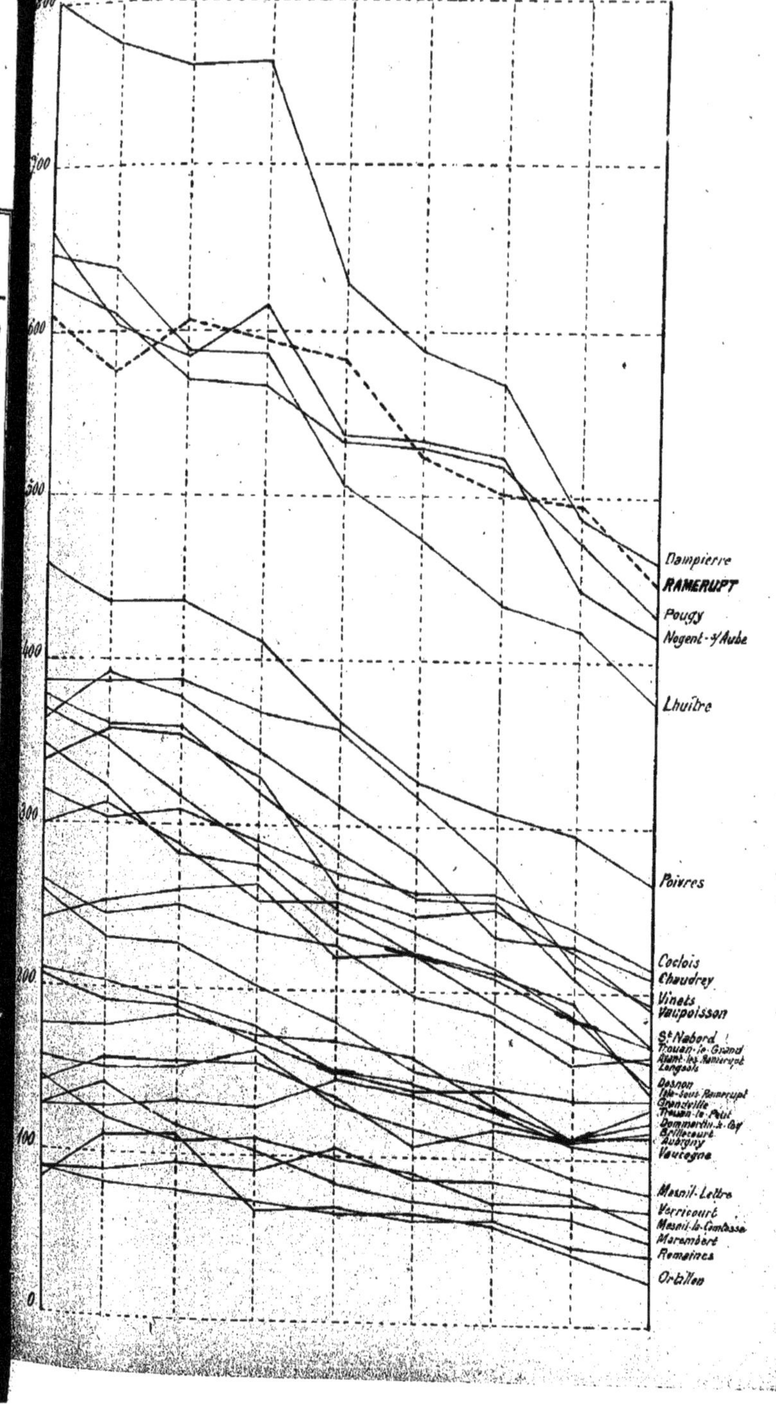

1831 1841 1851 1861 1871 1881 1891 1901 1911
800
700
600
500
400
300
200
100
0
Dampierre
RAMERUPT
Pougy
Nogent-s/Aube
Lhuître
Poivres
Coclois
Chaudrey
Vinets
Vaupoisson
St Nabord
Trouan-le-Grand
Ramt-les-Ramerupt
Longsols
Dosnon
Isle-sous-Ramerupt
Grandville
Trouan-le-Petit
Dommartin-le-Coq
Brillecourt
Aubigny
Vaucogne
Mesnil-Lettre
Verricourt
Mesnil-la-Comtesse
Marembert
Remaines
Ortillon

Canton d'Arcis-sur-Aube

COMMUNES	Recens⁴ de 1911	Variations de la population entre 1831 et 1911			Variations entre la populat⁰ maximum de la commune et le recens⁴ de 1911			
		Recens⁴ de 1831	Différence totale	Différence %	Année du recens⁴	Population	Différence totale	Différence %
Allibaudières	259	408	— 149	— 36.52	1841	426	— 167	— 39.20
Arcis-sur Aube..	3.033	2.673	+ 360	+ 13.58	1911	3.033	»	»
Aubeterre........	141	262	— 121	— 46.18	1831	262	— 121	— 46.18
Champigny	103	232	— 129	— 55.60	1831	232	— 129	— 55.60
Charmont........	508	729	— 221	— 30.32	1831	729	— 221	— 30.32
Chêne (le)	219	472	— 253	— 53.60	1831	472	— 253	— 53.60
Feuges	109	144	— 35	— 24.30	1851	149	— 40	— 26.86
Fontaine-Luyères..	78	138	— 60	— 43.48	1831	138	— 60	— 43.48
Herbisse........	291	422	— 131	— 31.04	1831	422	— 131	— 31.04
Mailly-le-Camp ..	1.127	684	+ 443	+ 64.76	1911	1.127	»	»
Montsuzain.......	323	334	— 11	— 3.28	1841	336	— 13	— 3 87
Nozay	162	148	+ 14	+ 9.46	1851	212	— 50	— 23 59
Ormes..........	228	301	— 73	— 24.25	1841	368	— 140	— 38.04
Pouan..........	586	865	— 279	— 32.25	1851	956	— 370	— 38.59
Saint-Etienne.....	132	137	— 5	— 3.65	1861	171	— 39	— 22.80
Saint-Remy.......	171	265	— 94	— 35.47	1861	266	— 95	— 35.71
Semoine	351	548	— 197	— 35.94	1831	548	— 197	— 35.94
Torcy-le-Grand....	219	332	— 113	— 34 04	1831	332	— 113	— 34.04
Torcy-le-Petit	104	242	— 138	— 57.02	1851	258	— 154	— 61.24
Villette....	168	179	— 11	— 6.15	1851	238	— 70	— 29.41
Villiers-Herbisse ...	186	298	— 112	— 38 25	1841	338	— 152	— 44.97
Voué..........	328	428	— 100	— 23.36	1831	428	— 100	— 23.36
Totaux....	8.826	10.101	— 1.275	— 12.62	1841	10.406	— 1.580	— 15.18

Canton de Chavanges

COMMUNES	Recens' de 1911	Variations de la population entre 1831 et 1911			Variations entre la populatⁿ maximum de la commune et le recens' de 1911			
		Recens' de 1831	Différence totale	Différence %	Année du recens'	Popula-tion	Différence totale	Différence %
Arrembécourt.....	110	157	— 47	— 29.94	1851	162	— 52	— 32.10
Aulnay..........	162	148	+ 14	+ 9.46	1861	221	— 59	— 26.70
Bailly-le-Franc....	148	158	— 10	— 6.33	1841	178	— 30	— 16.83
Bignicourt......	172	225	— 53	— 23.55	1861	228	— 56	— 24.12
Braux..........	228	366	— 138	— 37.70	1851	380	— 152	— 40.00
Chalette........	208	350	— 142	— 40.57	1831	350	— 142	— 40.57
Chassericourt.....	145	220	— 75	— 34.09	1831	220	— 75	— 34.09
Chavanges......	804	1.081	— 277	— 25.62	1841	1.093	— 289	— 26.44
Donnement........	146	191	— 45	— 23.56	1861	201	— 55	— 27.36
Jasseines.........	272	387	— 115	— 29.46	1841	412	— 140	— 33.98
Joncreuil........	194	260	— 66	— 25.38	1841	273	— 79	— 28.93
Lentilles........	333	515	— 182	— 35.34	1831	515	— 182	— 35.34
Magnicourt......	121	277	— 156	— 56.32	1831	277	— 156	— 56.32
Montmorency.....	249	489	— 240	— 49.08	1831	489	— 240	— 49.08
Pars-les-Chavanges.	140	164	— 24	— 14.63	1851	189	— 49	— 25.92
S'-Léger-s-Margerie	147	236	— 89	— 37.71	1861	272	— 125	— 45.98
Villeret.........	67	190	— 123	— 64.73	1831	190	— 123	— 64.73
Totaux ...	3.644	5.414	— 1.770	— 32.69	1831	5.414	— 1.770	— 32.69

Canton de Méry-sur-Seine

COMMUNES	Recens' de 1911	Variations de la population entre 1831 et 1911			Variations entre la populat^n maximum de la commune et le recens' de 1911			
		Recens' de 1831	Différence totale	Différence %	Année du recens'	Population	Différence totale	Différence %
Abbaye-sous-Plancy.	115	158	— 43	— 27.21	1851	171	— 56	— 32.75
Bessy	176	256	— 80	— 31.24	1861	285	— 109	— 38.25
Boulages........	312	479	— 167	— 34.86	1851	527	— 215	— 40.80
Champfleury......	174	287	— 113	— 39.37	1841	310	— 136	— 43.87
Chapelle-Vallon ...	242	459	— 217	— 47.28	1841	503	— 261	— 51.89
Charny-le-Bachot ..	183	305	— 122	— 40.00	1841	316	— 133	— 42.09
Châtres	457	500	— 43	— 8.60	1851	600	— 143	— 23.83
Chauchigny	269	425	— 156	— 36.70	1851	461	— 192	— 41.65
Droupt-Saint-Basle.	353	578	— 225	— 38.94	1861	594	— 241	— 40.57
Droupt-Sainte-Marie	296	350	— 54	— 15.43	1861	435	— 139	— 31.95
Etrelles.........	198	281	— 83	— 29.54	1841	286	— 88	— 30.76
Gr^{des}-Chapelles (les)	604	758	— 154	— 20.32	1851	791	— 187	— 23 64
Longueville	272	302	— 30	— 9.93	1851	331	— 59	— 17.82
Méry-sur-Seine.	1.222	1.362	— 140	— 10.28	1871	1.450	— 228	— 15.72
Mesgrigny........	155	74	+ 81	+109.46	1871	190	— 35	— 18.42
Plancy	1.066	1.164	— 98	— 8.42	1861	1.304	— 238	— 18.25
Premierfait.......	152	198	— 46	— 23.23	1841	211	— 59	— 27.96
Rhèges	281	423	— 142	— 33.57	1851	436	— 155	— 35.55
Rilly-Sainte-Syre..	306	439	— 133	— 30.29	1841	463	— 157	— 33.91
Saint-Mesmin	516	567	— 51	— 8.98	1851	651	— 135	— 20.74
Saint-Oulph.......	208	324	— 116	— 35.80	1831	324	— 116	— 35.80
Salon	231	377	— 146	— 38.73	1841	395	— 164	— 41 52
Savières	569	674	— 105	— 15.58	1861	774	— 205	— 26.48
Vallant-St-Georges .	365	437	— 72	— 16.47	1861	549	— 184	— 33.52
Viâpres-le-Grand ..	115	145	— 30	— 20.68	1861	157	— 42	— 26.75
Viâpres-le-Petit ...	163	250	— 87	— 34.80	1851	253	— 90	— 33.57
TOTAUX....	9.000	11.572	— 2.572	— 22.23	1861	12.381	— 3.381	— 27.31

Canton de Ramerupt

COMMUNES	Recens' de 1911	Variations de la population entre 1831 et 1911			Variations entre la populat⁰ maximum de la commune et le recens' de 1911			
		Recens' de 1831	Différence totale	Différence %.	Année du recens'	Population	Différence totale	Différence °/₀
Aubigny	114	209	— 95	— 45.45	1831	209	— 95	— 45.45
Avant-les-Ramerupt	167	270	— 103	— 38.15	1831	270	— 103	— 38.15
Brillecourt........	115	145	— 30	— 20.69	1841	156	— 41	— 26.28
Chaudrey	207	364	— 157	— 43.13	1841	394	— 187	— 47.46
Coclois	210	325	— 115	— 35.38	1831	325	— 115	— 35.38
Dampierre	467	802	— 335	— 41.77	1831	802	— 335	— 41.77
Dommartin-le-Coq .	122	177	— 55	— 31.07	1851	188	— 66	— 35.11
Dosnon...........	142	299	— 157	— 52.51	1841	315	— 173	— 54.94
Grandville........	134	266	— 132	— 49.69	1831	266	— 132	— 49.69
Isle-sous-Ramerupt.	140	372	— 232	— 62.36	1831	372	— 232	— 62 36
Lhuître..	375	648	— 273	— 42.13	1831	648	— 273	— 42.13
Longsols........ .	164	245	— 81	— 33.06	1861	266	— 102	— 38.34
Mesnil-la-Comtesse.	62	94	— 32	— 34.04	1871	104	— 42	— 48.38
Mesnil-Lettre.....	78	158	— 80	— 50.63	1861	169	— 91	— 53.84
Morembert........	51	130	— 79	— 60.77	1841	142	— 91	— 64.08
Nogent-sur-Aube ..	422	661	— 239	— 36.15	1831	661	— 239	— 36.15
Ortillon	32	94	— 62	— 65.95	1831	94	— 62	— 65.95
Poivres..........	261	463	— 202	— 43.63	1831	463	— 202	— 43.63
Pougy.	461	632	— 171	— 27.05	1831	632	— 171	— 27.05
Ramerupt	450	613	— 163	— 26.59	1831	613	— 163	— 26.59
Romaines	45	88	— 43	— 48.86	1851	110	— 65	— 59.09
Saint-Nabord	169	380	— 211	— 55.53	1831	380	— 211	— 55.53
Trouan-le-Grand...	168	353	— 185	— 52.41	1831	353	— 185	— 52.41
Trouan-le-Petit....	131	130	+ 1	+ 0.77	1871	143	— 12	— 8.39
Vaucogne	100	207	— 107	— 51.69	1831	207	— 107	— 51.69
Vaupoisson	192	342	— 150	— 43.86	1851	359	— 167	— 46.52
Verricourt........	72	149	— 77	— 51.67	1831	72	— 77	— 51.67
Vinets	193	389	— 196	— 50.38	1831	389	— 196	— 50.38
Totaux....	5.214	9.005	— 3.791	— 42.09	1831	9.005	— 3.791	— 42.09

allons récapituler dans le tableau suivant les différences de variations observées dans chaque canton, d'abord en comparant les recensements de 1911 et de 1831, ensuite les chiffres du recensement de 1911 avec ceux où la population de la commune était le plus élevé.

CANTONS	Nombre de communes	Augmentation	DIMINUTION					
			— 10 %	10 à 20 %	20 à 30 %	30 à 40 %	40 à 50 %	+ 50 %
Comparaison entre les recensements de 1911 et de 1831								
Arcis-sur-Aube..	22	3	3	»	3	8	2	3
Chavanges......	17	1	1	1	6	4	2	2
Méry-sur-Seine..	26	1	4	4	5	10	2	»
Ramerupt......	28	1	»	»	3	6	8	10
Totaux	93	6	8	5	17	28	14	15
Comparaison entre le recensement de 1911 et les populations maxima des communes								
Arcis-sur-Aube..	22	2	1	»	5	8	3	3
Chavanges......	17	»	»	1	6	4	4	2
Méry-sur-Seine..	26	»	»	4	6	9	6	1
Ramerupt.	28	»	1	»	3	5	8	11
Totaux	93	2	2	5	20	26	21	17

Dix-sept communes de l'arrondissement, soit 1/5 du nombre total, ont perdu plus de 50 %. de leur population, vingt-et-une autres ont perdu de 40 à 50 %., ce qui fait que les 2/3 des communes de l'arrondissement ont vu leur population diminuer de près de moitié. Ce chiffre n'est-il pas effrayant par son importance et tout commentaire devient superflu devant la gravité de la situation.

2° Arrondissement de Bar-sur-Aube

(Voir tableaux et graphiques pages suivantes.)

a) Canton de Bar-sur-Aube. — Les vingt-trois communes que compte ce canton offrent entre elles de sérieuses différences, région de grandes forêts ou de vignobles, quelques communes doivent leur prospérité à leur industrie, tandis que pour d'autres la diminution est fort sensible. Par rapport au recensement de 1831, cinq communes ont une population plus élevée en 1911, mais huit subissent une diminution de plus de 40 °/₀. Ville-sous-Laferté, en raison de l'existence de la maison centrale de Clairvaux, voit sa population passer de 798 en 1831 à 3,146 en 1851, puis finalement baisser à 2,414 en 1911 ; Bayel croît d'une façon régulière, grâce à l'importance toujours plus considérable de sa verrerie, et Proverville reste à peu près stationnaire au cours de cette longue période, en raison du voisinage immédiat de Bar-sur-Aube. Ces deux dernières communes sont d'ailleurs les seules qui atteignent leur maximum en 1911 ; les vingt-et-une autres, même la ville de Bar-sur-Aube, subissent des pertes qui, sur les maxima constatés, dépassent 40 °/₀ pour quinze d'entre elles.

b). CANTON DE BRIENNE-LE-CHATEAU. — Pas une seule commune de ce canton ne présente en 1911 d'augmentation par rapport au recensement de 1831 et à plus forte raison en comparant la population en 1911 avec la population maximum de ces communes. Huit communes sur vingt-cinq présentent une diminution supérieure à 40 °/₀ par rapport à 1831 et douze communes ont perdu plus des 40 °/₀ de leur population maximum constatée au cours de ces quatre-vingts dernières années.

c) CANTON DE SOULAINES. — Le canton de Soulaines, de beaucoup le moins peuplé de l'arrondissement, est surtout agricole et forestier ; pas de communes importantes, puisque le chef-lieu dépasse à peine 500 habitants, et à plus forte raison pas d'industrie. Une seule commune, Maisons, a en 1911 une population un peu supérieure à celle de 1831,

Canton de Bar-sur-Aube

COMMUNES	1911	1901	1891	1881	1871	1861	1851	1841	1831
Ailleville.	182	172	204	217	217	252	234	241	220
Arconville.	179	225	268	271	291	347	469	385	364
Arrentières	390	470	548	588	592	616	654	614	631
Arsonval	261	297	322	375	406	444	479	449	388
Baroville.	415	497	560	650	675	671	692	670	684
Bar-sur-Aube . . .	4.533	4.587	4 342	4.579	4.453	4.727	4.442	4.169	3.890
Bayel	1.517	1.272	1.063	995	967	860	670	712	619
Bergères.	185	254	300	297	294	342	322	290	276
Champignol	671	774	935	1.015	1.107	1.273	1.331	1.338	1.185
Colombé-le-Sec	243	313	344	329	348	348	366	358	401
Couvignon.	346	447	546	590	660	692	715	674	604
Engente	86	109	142	124	130	143	152	162	148
Fontaine.	232	296	288	320	315	372	391	418	380
Jaucourt	189	229	245	278	297	349	372	347	356
Juvancourt	211	217	224	293	297	329	375	340	358
Lignol	248	286	307	360	377	372	440	424	387
Longchamp	759	757	750	840	552	576	528	554	699
Montier-en-l'Isle. . . .	269	281	345	363	404	465	452	428	405
Proverville.	379	365	317	311	336	333	336	328	326
Rouvres	246	302	330	359	399	384	403	391	373
Urville	320	386	460	487	531	567	608	607	606
Ville-sous-Laferté . .	2.414	2.387	2.762	3.010	2.774	2.736	3.146	3.109	798
Voigny	230	252	281	329	337	404	422	421	441
Totaux	14.508	15.175	15.883	16.980	16.756	17.602	17.999	17.429	14.539

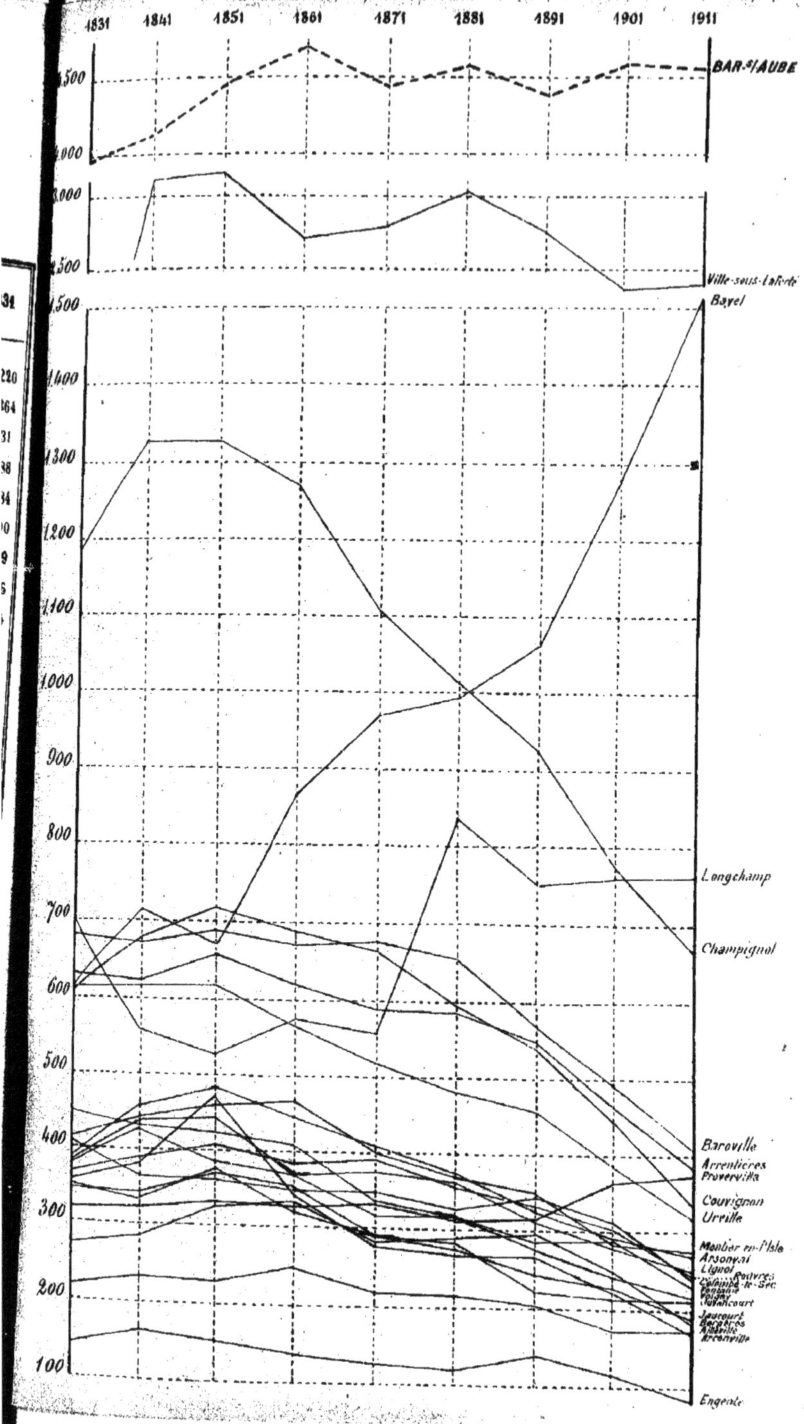

1831 1841 1851 1861 1871 1881 1891 1901 1911
BAR-s/AUBE
4.500
4.000
3.000
2.500
Ville-sous-Laferté
Bayel
1.500
1.400
1.300
1.200
1.100
1.000
900
800
Longchamp
700
Champignol
600
500
400
Baroville
Arrentières
Proverville
Couvignon
Urville
300
Meurville en-l'Isle
Arsonval
Lignol
Spoivres
Colombé-le-Sec
Fontaine
Voigny
Juvancourt
200
Jaucourt
Bergères
Ailleville
Arconville
100
Engente

Canton de Brienne-le-Château

COMMUNES	1911	1901	1891	1881	1871	1861	1851	1841	1831
Bétignicourt	73	83	103	100	98	129	113	108	120
Blaincourt	134	153	175	212	234	252	274	303	274
Blignicourt	90	63	57	72	77	71	80	96	106
Brienne-la-Vieille	363	370	425	5·9	615	701	704	692	709
Brienne-le-Chât.	1.815	1.753	1.732	1.918	1.886	2.057	1.880	1.830	1.930
Courcelles	38	36	52	58	62	71	82	89	78
Dienville	802	810	925	932	1.101	1.159	1.233	1.230	1 264
Epagne	175	202	213	237	241	292	293	275	292
Hampiguy	336	369	413	375	360	436	441	450	465
Lassicourt	89	94	143	136	130	141	154	148	139
Lesmont	443	477	536	584	625	645	615	542	526
Maizières	239	250	244	266	300	303	316	309	320
Mathaux	360	370	392	387	443	506	541	556	544
Molins	111	138	154	161	189	207	228	203	214
Pel-et-Der	266	319	351	386	431	436	500	495	512
Perthes	82	104	101	105	123	136	135	140	142
Préey-Notre-Dame	99	112	137	135	139	160	162	135	140
Précy-Saint-Martin	337	370	436	478	517	573	622	593	577
Radonvilliers	471	543	610	577	616	664	657	616	607
Rances	115	128	132	116	148	127	141	140	154
Rosnay-l'Hôpital	375	412	434	451	512	550	632	610	561
Saint-Christophe	46	55	58	60	61	64	69	66	70
St-Léger-s⁵-Brienne	278	318	320	332	377	410	412	368	397
Vallentigny	221	186	187	176	207	220	217	222	223
Yèrres	111	113	134	137	165	181	186	168	166
TOTAUX	7.471	7.828	8.461	8.910	9.657	10.491	10 687	10.384	10.530

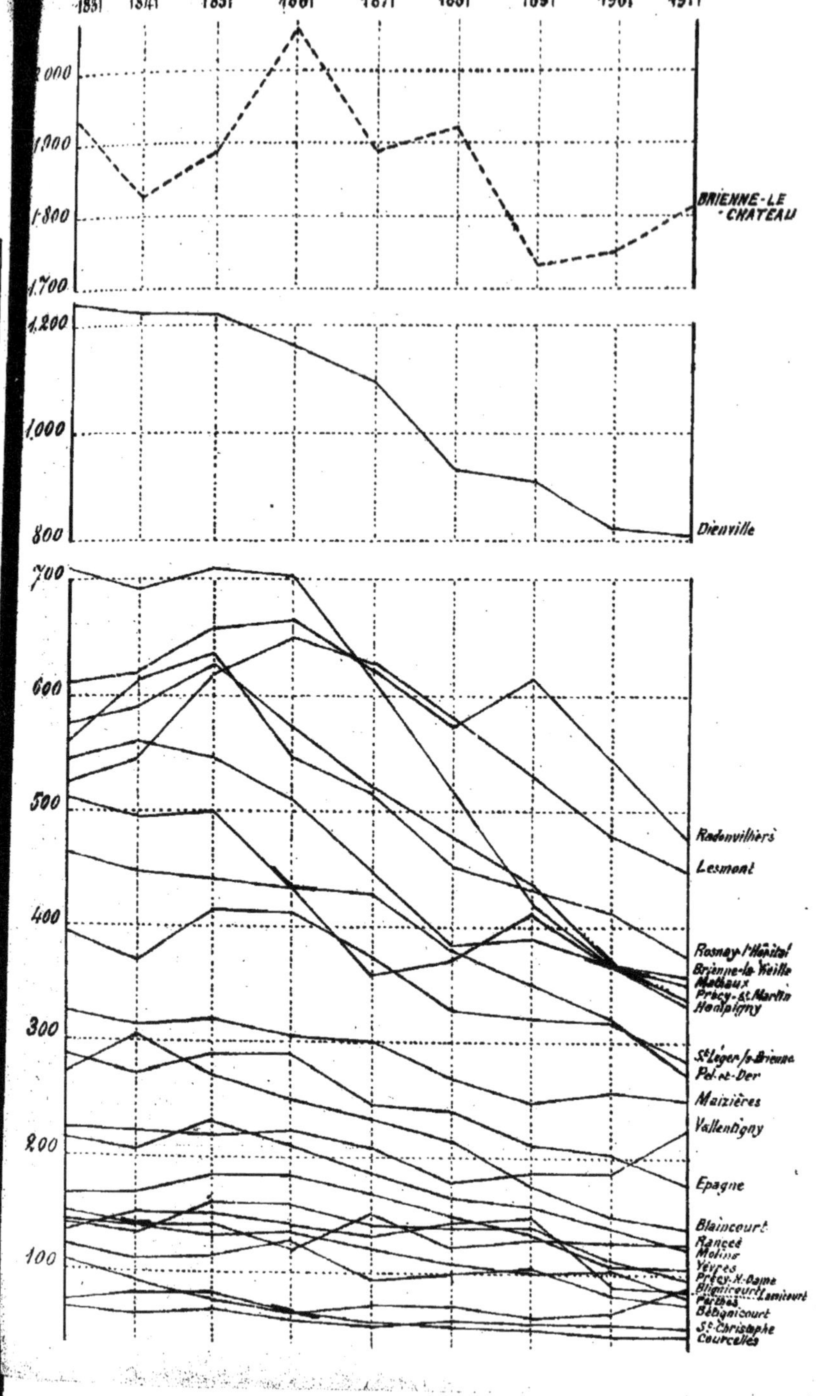

1831 1841 1851 1861 1871 1881 1891 1901 1911
2.000
1.900
1.800
1.700
1.200
1.000
800
700
600
500
400
300
200
100
BRIENNE-LE-CHATEAU
Dienville
Radonvilliers
Lesmont
Rosnay-l'Hôpital
Brienne-la-Vieille
Mathaux
Précy-St-Martin
Hampigny
St-Léger-s-Brienne
Pel-et-Der
Maizières
Vallentigny
Epagne
Blaincourt
Rances
Molins
Yèvres
Précy-N-Dame
Blignicourt Lamicourt
Perthes
Bétignicourt
St-Christophe
Courcelles

Canton de Soulaines

COMMUNES	1911	1901	1891	1881	1871	1861	1851	1841	1831
Chaise (la)	71	79	107	120	127	126	107	91	96
Chaumesnil.........	99	113	128	128	161	183	195	199	191
Colombé-la-Fosse...	357	397	510	507	553	545	549	557	538
Crespy	145	186	184	186	224	260	258	248	233
Eclance..........	198	208	250	246	269	326	325	259	242
Epothémont	233	279	277	323	338	360	345	313	300
Fresnay..........	107	114	117	122	136	147	151	151	161
Fuligny..........	122	129	152	172	173	191	211	218	216
Juzanvigny	141	132	157	151	178	183	201	195	162
Lévigny	215	212	252	245	280	300	305	288	288
Maisons	95	77	95	113	120	106	121	120	87
Morvilliers.........	425	478	598	633	671	700	712	692	649
Petit-Mesnil	227	269	292	312	328	381	406	359	320
Rothière (la).......	94	92	83	102	114	135	155	154	145
Saulcy...........	137	140	143	170	190	187	204	226	168
Soulaines	542	598	667	778	805	830	907	842	827
Thil	300	305	306	318	368	347	333	332	320
Thors	87	114	143	158	180	183	208	198	177
Vernonvilliers......	137	147	168	184	184	186	179	202	191
Ville-au-Bois	68	81	92	93	75	85	90	91	96
Ville-sur-Terre.....	313	345	366	402	412	472	479	450	453
TOTAUX.....	4 113	4.495	5.087	5.463	5.883	6.233	6.441	6.185	5 860

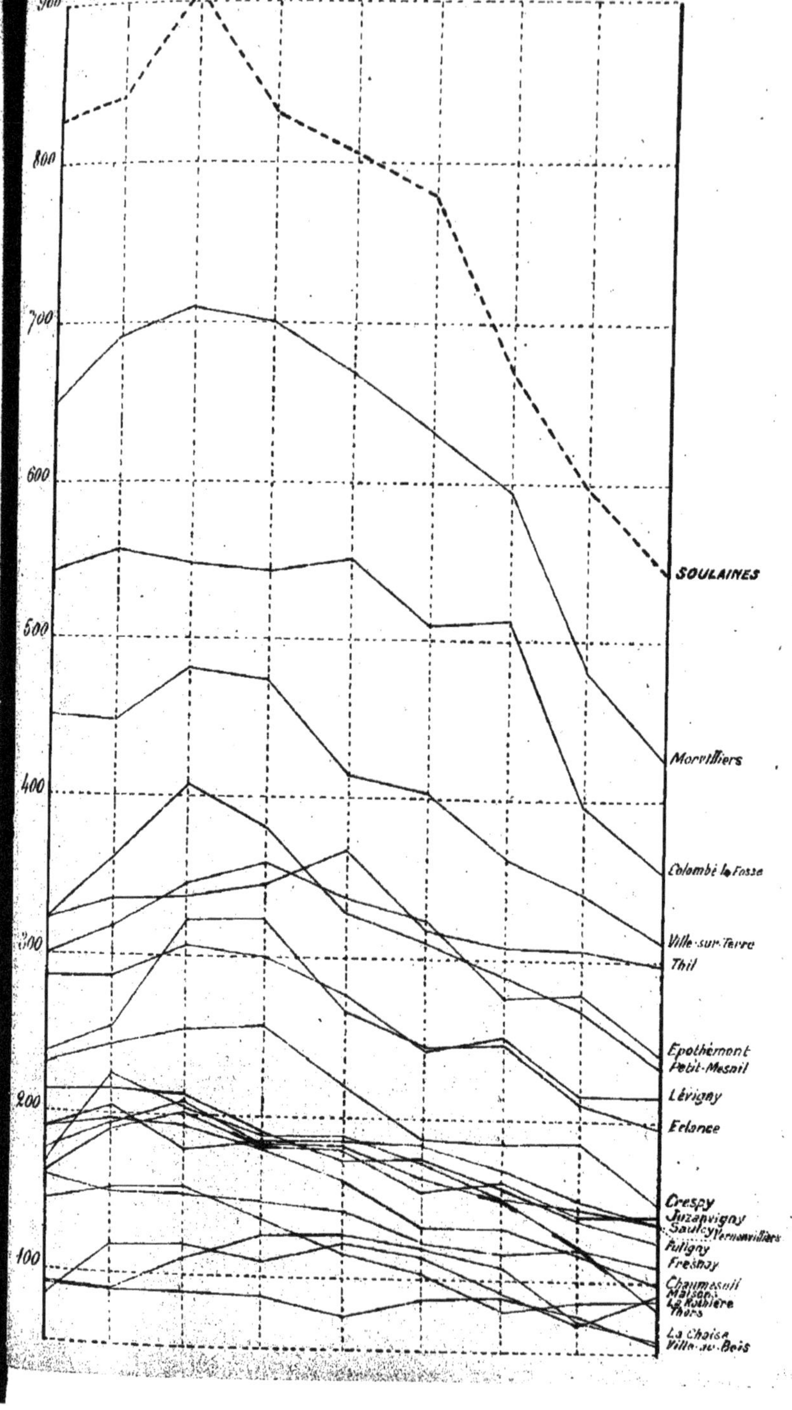

1831 1841 1851 1861 1871 1881 1891 1901 1911
900
800
700
600
500
400
300
200
100
SOULAINES
Morvilliers
Colombé la Fosse
Ville-sur-Terre
Thil
Épothémont
Petit-Mesnil
Lévigny
Eclance
Crespy
Juzanvigny
Saulcy
Vernonvilliers
Puligny
Fresnoy
Chaumesnil
Maison
La Rothière
Thors
La Chaise
Ville-au-Bois

Canton de Vendeuvre

COMMUNES	1911	1901	1891	1881	1871	1861	1851	1841	1831
Amance.	384	396	477	549	544	607	662	550	629
Argançon	187	239	309	312	373	407	411	382	322
Bligny	305	303	390	423	891	839	867	806	824
Bossancourt	255	275	344	358	387	497	484	443	366
Champ-sur-Barse	58	54	70	62	68	94	108	96	92
Dolancourt	207	207	247	268	281	335	300	264	288
Fravaux.	72	94	110	124	143	165	180	186	163
Jessains	355	370	375	391	369	379	350	345	313
Juvanzé	47	53	64	73	88	91	101	100	95
Loge-aux-Chèvres (la)	122	144	176	198	233	277	294	229	212
Magny-Fouchard	242	269	273	300	333	372	340	336	282
Maison-des-Champs	63	89	98	94	89	107	121	129	102
Meurville	263	320	344	412	403	414	428	383	358
Spoy	371	447	511	549	621	675	750	884	837
Trannes	348	300	325	359	371	401	388	325	256
Unienville	216	221	278	295	321	417	446	441	426
Vauchonvilliers	236	266	270	267	335	395	382	415	391
Vendeuvre-s-Barse	1.971	2.068	2.016	2.017	1.942	2.138	1.966	1.841	1.669
Villeneuve-au-Chêne.	403	444	445	441	555	780	642	478	464
Totaux.	6.109	6.559	7.122	7.492	8.347	9.390	9.220	8.636	8.189

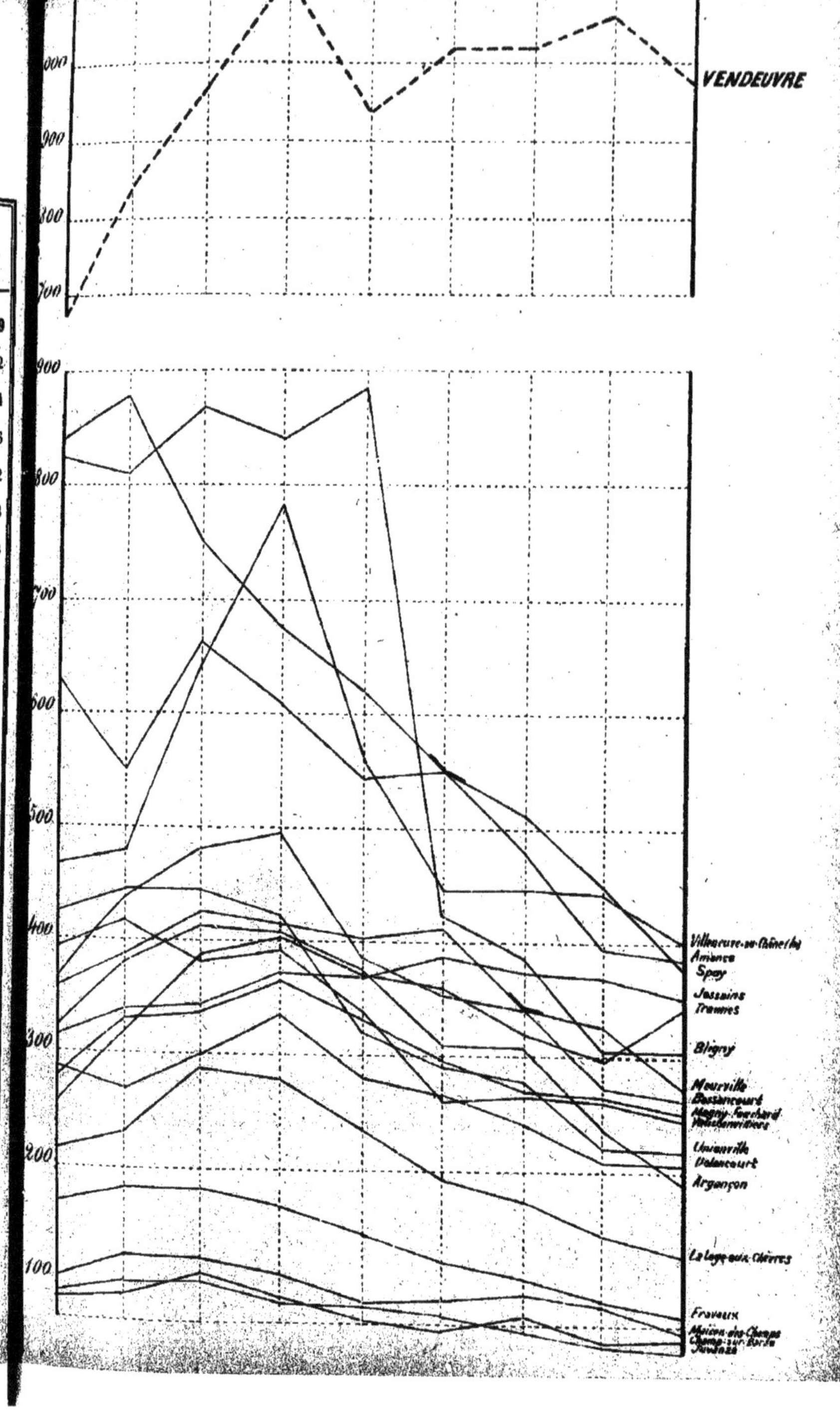

1831 1841 1851 1861 1871 1881 1891 1901 1911
1000
900
800
700
VENDEUVRE
900
800
700
600
500
400
300
200
100
Villacuve-au-Chêne (la)
Amance
Spoy
Jessains
Trannes
Bligny
Meurville
Bossancourt
Magny-Fouchard
Vauchonvilliers
Unienville
Dolancourt
Argançon
La Loge-aux-Chèvres
Fravaux
Maison-des-Champs
Champ-sur-Barse
Jaucourt

Canton de Bar-sur-Aube

COMMUNES	Recens* de 1911	Variations de la population entre 1831 et 1911			Variations entre la populat° maximum de la commune et le recens* de 1911			
		Recens* de 1831	Différence totale	Différence °/₀	Année du recens*	Popula-tion	Différence totale	Différence °/₀
Ailleville..	182	220	— 38	— 17.27	1861	252	— 70	— 27.77
Arconville	179	364	— 185	— 50.82	1851	469	— 290	— 61.84
Arrentières.......	390	631	— 241	— 38.19	1851	654	— 264	— 40.36
Arsonval.........	264	388	— 124	— 31.96	1851	479	— 215	— 44.88
Baroville........	415	684	— 269	— 39.33	1851	692	— 277	— 40.03
Bar-sur-Aube ...	4.533	3.890	+ 643	+ 16.53	1861	4.727	— 194	— 4.10
Bayel...........	1.517	619	+ 898	+147.07	»	»	»	»
Bergères........	185	276	— 91	— 32.96	1861	342	— 157	— 45.90
Champignol......	671	1.185	— 514	— 43 38	1841	1.338	— 667	— 49.85
Colombé-le-Sec ...	243	401	— 158	— 39.40	1834	401	— 158	— 39.40
Couvignon	346	604	— 254	— 42.05	1851	715	— 369	— 51.47
Engente	86	148	— 62	— 41.89	1841	162	— 76	— 40.74
Fontaine	232	380	— 148	— 31.05	1841	418	— 186	— 44.50
Jaucourt...... ..	189	356	— 167	— 46.91	1851	372	— 183	— 49.15
Juvancourt	211	358	— 147	— 41.06	1851	375	— 164	— 43.73
Lignol	248	387	— 139	— 35.92	1851	440	— 192	— 43.63
Longchamp......	759	699	+ 60	+ 8.58	1881	840	— 81	— 9.64
Montier-en-l'Isle ..	269	405	— 136	— 33.58	1861	465	— 196	— 42.15
Proverville	379	326	+ 53	+ 16.26	»	»	»	.
Rouvres	246	373	— 127	— 34.05	1851	403	— 157	— 38.96
Urville	320	606	— 286	— 47.19	1851	608	— 288	— 47.53
Ville-sous-Laferté .	2.414	798	+ 1.616	+202.51	1851	3.146	— 732	— 23.26
Voigny	230	441	— 211	— 47.84	1831	441	— 211	— 47.84
Totaux....	14.508	14.539	— 31	— 0.21	1851	17.999	— 3.491	— 19.40

Canton de Brienne-le-Château

COMMUNES	Recens¹ de 1911	Variations de la population entre 1831 et 1911			Variations entre la populat⁰ maximum de la commune et le recens¹ de 1911			
		Recens¹ de 1831	Différence totale	Différence °/₀	Année du recens¹	Population	Différence totale	Différence °/₀
Bétignicourt........	75	120	— 45	— 37.50	1861	129	— 54	— 41.88
Blaincourt	134	274	— 140	— 51.09	1841	303	— 169	— 55.77
Blignicourt	90	106	— 16	— 15.09	1831	106	— 16	— 15.09
Brienne-la-Vieille .	363	709	— 346	— 48.80	1831	709	— 346	— 48.80
Brienne-le-Chât.	1.815	1.930	— 115	— 5.95	1861	2.057	— 242	— 11.76
Courcelles........	38	78	— 40	— 51.28	1841	89	— 51	— 57.30
Dienville........	802	1.264	— 462	— 36.54	1831	1.264	— 462	— 36.54
Epagne..........	175	292	— 117	— 40.08	1851	293	— 118	— 40.27
Hampigny........	336	465	— 129	— 27.98	1831	465	— 129	— 27.98
Lassicourt.......	89	139	— 50	— 35.97	1851	154	— 65	— 42.21
Lesmont	443	526	— 83	— 15.78	1861	645	— 202	— 31.32
Mainières........	239	320	— 81	— 25.31	1831	320	— 81	— 25.31
Matbaux	360	544	— 184	— 33.82	1841	556	— 196	— 35.25
Molins..........	111	214	— 103	— 48.13	1851	228	— 117	— 51.31
Pel-et-Der	266	512	— 246	— 48.04	1831	512	— 246	— 48.04
Perthes.........	82	142	— 60	— 42.53	1831	142	— 60	— 42.53
Précy-Notre-Dame.	99	140	— 41	— 29.28	1851	162	— 63	— 38.88
Précy-Saint-Martin.	337	577	— 240	— 41.51	1851	622	— 285	— 45.82
Radonvilliers......	471	607	— 136	— 22.45	1861	664	— 193	— 29.07
Rances	115	154	— 39	— 25.32	1831	154	— 39	— 25.32
Rosnay-l'Hôpital ..	375	561	— 186	— 33.15	1851	632	— 257	— 40.66
Saint-Christophe...	46	70	— 24	— 34.28	1831	70	— 24	— 34.28
St-Léger-sˢ-Brienne	278	397	— 119	— 29.98	1851	412	— 134	— 32.52
Vallentigny.......	221	223	— 2	— 0.89	1831	223	— 2	— 0.89
Yèvres.	111	166	— 55	— 33.13	1851	186	— 75	— 40.32
Totaux....	7.471	10.530	— 3.059	— 29.05	1851	10.687	— 3.216	— 30.09

Canton de Soulaines

COMMUNES	Recens¹ de 1911	Variations de la population entre 1831 et 1911			Variations entre la populat⁹ maximum de la commune et le recens¹ de 1911			
		Recens¹ de 1831	Différence totale	Différence %	Année du recens¹	Population	Différence totale	Différence %
Chaise (la)	71	96	— 25	— 26.04	1871	127	— 56	— 44.09
Chaumesnil........	99	191	— 92	— 48.16	1841	199	— 100	— 50.25
Colombé-la-Fosse..	357	538	— 181	— 33.66	1841	557	— 200	— 35.88
Crespy	145	233	— 88	— 37.77	1861	260	— 115	— 44.23
Eclance..........	198	242	— 44	— 18.18	1861	326	— 128	— 39.26
Epothémont	233	300	— 67	— 22.33	1861	360	— 127	— 35.28
Fresnay	107	161	— 54	— 33.54	1831	161	— 54	— 33.54
Fuligny..........	122	216	— 94	— 43.52	1841	218	— 96	— 44.04
Juzanvigny.......	141	162	— 21	— 12.96	1851	201	— 60	— 29.85
Lévigny	215	288	— 73	— 25.35	1851	305	— 90	— 29.54
Maisons	95	87	+ 8	+ 9.18	1851	121	— 26	— 21.48
Morvilliers	425	649	— 224	— 34.51	1851	712	— 287	— 40.31
Petit-Mesnil	227	320	— 93	— 29.06	1851	406	— 179	— 44.09
Rothière (la)......	94	145	— 51	— 35.17	1851	155	— 61	— 39.35
Sauley..........	137	168	— 31	— 18.45	1851	226	— 89	— 39.38
Soulaines	542	827	— 285	— 34.46	1851	907	— 365	— 40.24
Thil	300	320	— 20	— 6.25	1871	368	— 68	— 18.48
Thors	87	177	— 90	— 50.85	1851	208	— 121	— 58.17
Vernonvilliers.....	137	191	— 54	— 28.27	1841	202	— 65	— 32.18
Ville-au-Bois......	68	96	— 28	— 29.16	1831	96	— 28	— 29.10
Ville-sur-Terre ...	313	453	— 140	— 30.91	1851	479	— 166	— 34.65
Totaux ...	4.113	5.860	— 1.747	— 29.81	1851	6.441	— 2.328	— 36.14

Canton de Vendeuvre-sur-Barse

COMMUNES	Recens' de 1911	Variations de la population entre 1831 et 1911			Variations entre la populatⁿ maximum de la commune et le recens' de 1911			
		Recens' de 1831	Différence totale	Différence °/₀	Année du recens'	Population	Différence totale	Différence °/₀
Amance	384	629	— 245	— 38.95	1851	662	— 278	— 41.99
Argançon	187	322	— 135	— 41.92	1851	411	— 224	— 54.50
Bligny	305	824	— 519	— 62.98	1871	891	— 586	— 65.77
Bossancourt.......	255	366	— 111	— 30.33	1861	497	— 242	— 48.71
Champ-sur-Barse ..	58	92	— 34	— 36.95	1851	108	— 50	— 46.29
Dolancourt	207	288	— 81	— 28.13	1861	335	— 118	— 35.22
Fravaux..........	72	163	— 91	— 55.82	1841	186	— 114	— 61 29
Jessains	355	313	+ 42	+ 13.41	1881	391	— 36	— 9.21
Juvanzé	47	95	— 48	— 50.53	1851	101	— 54	— 53.47
Loge-aux-Chèvr. (la)	122	212	— 90	— 42.45	1851	294	— 172	— 58.50
Magny-Fouchard ..	242	282	— 40	— 14.18	1861	372	— 130	— 34.94
Maison-des-Champs.	63	102	— 39	— 38.23	1841	129	— 66	— 51.16
Mearville.........	263	358	— 85	— 23.79	1851	428	— 165	— 38.55
Spoy	371	837	— 466	— 55.67	1841	884	— 513	— 58.03
Trannes..........	348	256	+ 92	+ 35.89	1861	401	— 53	— 13.21
Unienville........	216	426	— 210	— 49.28	1851	446	— 230	— 51.57
Vauchonvilliers....	236	391	— 155	— 39.64	1841	415	— 179	— 43.13
Vendeuvre-s-Barse	1.971	1.669	+ 302	+ 18.09	1861	2.138	— 167	— 7.81
Villeneuve-au-Chêne	403	464	— 61	— 13.14	1861	780	— 377	— 48.33
TOTAUX....	6.109	8.189	— 2.080	— 25.40	1861	9.390	— 3.281	— 34.94

mais pour toutes les autres, la diminution est fort sensible; six communes en 1911 ont une population inférieure à 100 habitants, et dix communes ont perdu de 1831 à 1911 plus de 30 °/₀ de leur population.

Mais cependant, vers 1851, la population de ce canton était beaucoup plus importante, et depuis cette époque seize communes ont subi des pertes qui dépassent 30 °/₀ de leur population maximum, tandis que les cinq autres n'ont que de 10 à 30 °/₀ de pertes.

d) CANTON DE VENDEUVRE-SUR-BARSE. — Ce canton était peut-être un des plus riches du département: viticole dans la partie sud-est, il était surtout agricole dans le centre et forestier vers le nord-ouest. Le chef-lieu, Vendeuvre, est devenu un centre industriel important, ce qui lui procure une augmentation de population assez sensible sur 1831; tandis que Trannes et Jessains doivent leur population plus élevée, par rapport à la même époque, à la création de la ligne de chemin de fer Paris–Belfort et surtout à la bifurcation de Jessains à Vitry-le-François; enfin la création d'une usine importante à Beaulieu et l'extraction de la pierre dans ces deux communes, ont encore retardé la dépopulation. Mais les seize autres communes ont une population moins élevée en 1911 et pour treize d'entre elles la proportion dépasse 40 °/₀, avec un maximum de 62.98 °/₀ pour Bligny.

Cette diminution est encore plus sensible si l'on compare le recensement de 1911 avec les chiffres les plus élevés fournis par chaque commune; toutes les communes du canton ont diminué, et pour treize d'entre elles la dépopulation dépasse 40 °/₀. C'est encore Bligny qui atteint le maximum avec 65.77 °/₀; ce chiffre est trop élevé (population: 305 en 1911, 891 en 1871) pour que nous n'indiquions les raisons de cette énorme dépopulation dans le fait que la verrerie de Bligny a cessé de fonctionner vers 1880 en raison du manque de voies de communication et de l'éloignement de tout centre important.

En résumé, sur quatre-vingt-huit communes que compte l'arrondissement de Bar-sur-Aube, neuf seulement ont en 1911 une population supérieure à celle de 1831 ; deux communes du canton de Bar-sur-Aube, les seules de l'arrondissement, accusent au recensement de 1911 le chiffre le plus élevé de cette période, et encore la commune de Proverville n'a qu'une faible augmentation de 16.26 °/₀ sur 1831, tandis que Bayel seul voit sa population augmenter de 147.07 °/₀.

Récapitulons dans le tableau suivant les variations observées pour chacun des quatre cantons de l'arrondissement :

CANTONS	Nombre de communes	Augmentation	DIMINUTION					
			— 10 °/₀	10 à 20 °/₀	20 à 30 °/₀	30 à 40 °/₀	40 à 50 °/₀	+ 50 °/₀
Comparaison entre les recensements de 1911 et de 1831								
Bar-sur-Aube...	23	5	»	1	»	9	7	1
Brienne-le-Chât..	25	»	2	2	6	7	6	2
Soulaines.......	21	1	1	3	6	7	2	1
Vendeuvre-sur B.	19	3	»	2	2	5	3	4
Totaux	88	9	3	8	14	28	18	8
Comparaison entre le recensement de 1911 et les populations maxima des communes								
Bar-sur-Aube ...	23	2	2	»	2	2	13	2
Brienne-le-Chât..	25	»	1	2	4	6	9	3
Soulaines......	21	»	»	1	4	8	6	2
Vendeuvre-sur-B.	19	»	2	1	»	3	5	8
Totaux	88	2	5	4	10	19	33	15

Quinze communes de l'arrondissement ont donc perdu plus de la moitié de leur population, et même sur ce nombre trois ont dépassé 60 °/₀ ; trente-trois autres ont diminué de 40 à 50 °/₀, ce qui donne, pour cet arrondissement, que plus de la moitié des communes (48 sur 88) ont perdu plus de 40 °/₀ de leur population. Ces chiffres sont encore supérieurs à ceux que nous avons observés dans l'arrondissement d'Arcis-sur-Aube, beaucoup plus pauvre cependant et moins bien pourvu de voies de communications.

3° Arrondissement de Bar-sur-Seine

(Voir tableaux et graphiques pages suivantes.)

a) CANTON DE BAR-SUR-SEINE. — Le canton de Bar-sur-Seine est surtout agricole dans la région du Nord et de l'Ouest, plutôt viticole, principalement avant la terrible invasion du phylloxéra, à l'Est et au Sud. Des vingt-deux communes que compte ce canton, trois seulement (Bar-sur-Seine, Saint-Parres-les-Vaudes et Virey-sous-Bar) ont en 1911 une population supérieure à celle de 1831 ; mais les dix-neuf autres subissent, durant le même laps de temps, d'énormes diminutions, puisque pour neuf communes la perte dépasse 40 °/₀ de la population en 1831, avec un maximum de 60 °/₀ pour la commune de Poligny.

Par rapport à la population maximum des communes, le recensement de 1911 est plus faible pour toutes les communes du canton, et dix-huit sur vingt-deux accusent des diminutions qui dépassent 30 °/₀, quatre même sur ce nombre ont perdu plus de 50 °/₀ de leur population.

b) CANTON DE CHAOURCE. — Essentiellement agricole et surtout forestier, privé de voies de communications faciles, éloigné des deux lignes de chemins de fer de Troyes à Châtillon et de Troyes à Saint-Florentin, région argileuse et par suite humide de l'infra-crétacé, ce canton devait fatalement subir de grosses pertes en population. C'est ainsi que sur vingt-cinq communes, une seule (Turgy) a en 1911 la même population qu'en 1831 ; toutes les autres, sur ce recensement, subissent des diminutions qui, pour quinze d'entre elles, dépassent 30 %, avec un maximum de 55.80 % pour la commune de Praslin.

Si l'on compare, d'autre part, la population en 1911 avec celle des recensements maxima des communes, nous remarquons que pas une seule commune du canton qui n'ait diminué, trois ayant perdu plus de 50 % et quinze de 30 à 50 % du maximum de leur population.

c) CANTON D'ESSOYES. — Le canton d'Essoyes présente, au point de vue des cultures, trois zones bien tranchées : au Nord-Ouest, région de culture importante (Beurey, Magnant, Montmartin, etc.) ; au Centre et au Sud, région viticole (Landreville, Loches, Vitry-le-Croisé, Verpillières, etc.) ; à l'Est, région boisée, avec Cunfin comme centre.

Une seule commune de ce canton, Montmartin, a conservé la même population de 1831 à 1911 ; toutes les autres subissent des pertes excessivement importantes ; des communes, dont la population dépassait 1,000 habitants en 1831, perdent 468 habitants (Chervey), 567 (Cunfin), 603 (Essoyes), 517 (Landreville), 488 (Vitry-le-Croisé), etc.; d'une façon générale, sept communes perdent de 30 à 40 % ; huit de 40 à 50 %, et cinq plus de 50 % de leurs habitants, avec un maximum de 57.64 % pour la commune de Chacenay.

Depuis cette époque, et par rapport aux recensements les plus élevés des communes, toutes subissent des diminutions plus sensibles encore ; puisque seize communes sur vingt-et-une perdent plus de 40 % de leur population. Nous reviendrons plus loin sur la cause essentielle de cette dépopulation exagérée, qui fait que le canton d'Essoyes

Canton de Bar-sur-Seine

COMMUNES	1911	1901	1891	1881	1871	1861	1851	1841	1831
Bar-sur-Seine ...	3.107	3.121	3.237	3.092	2.798	2.770	2.745	2.496	2.269
Bourguignons	286	312	380	409	466	513	544	522	470
Briel	181	188	221	261	322	300	370	358	379
Buxeuil..........	235	291	306	336	355	398	400	370	361
Chappes	234	239	274	259	296	361	379	447	443
Chauffour les-Bailly .	130	164	160	187	210	224	257	215	239
Courtenoi	206	216	240	237	275	298	310	312	303
Fouchères........	414	394	399	484	502	574	619	612	539
Fralignes	142	140	162	179	194	191	218	213	202
Jully-sur-Sarce	383	414	404	504	527	601	642	571	632
Marolles-les-Bailly ..	151	172	247	254	279	292	323	326	327
Merrey	367	436	489	488	537	587	565	524	508
Poligny..........	60	78	80	91	98	122	137	127	150
Rumilly-les-Vaudes .	471	512	588	586	574	620	729	740	681
St-Parres-les-Vaudes.	414	493	483	454	445	436	453	392	367
Vaudes	304	321	311	364	414	436	483	474	514
Villemorien........	249	269	255	237	273	281	290	303	303
Villemoyenne.......	409	453	495	526	553	590	625	624	626
Ville-sur-Arce	489	606	681	714	781	811	880	887	869
Villiers-sous-Praslin.	172	188	225	220	268	295	331	331	330
Villy-en-Trodes	274	319	366	388	421	495	544	560	570
Virey-sous-Bar.....	502	469	465	413	472	540	615	578	420
TOTAUX.....	9.180	9.795	10,468	10,683	11.060	11.735	12.459	11.982	11.502

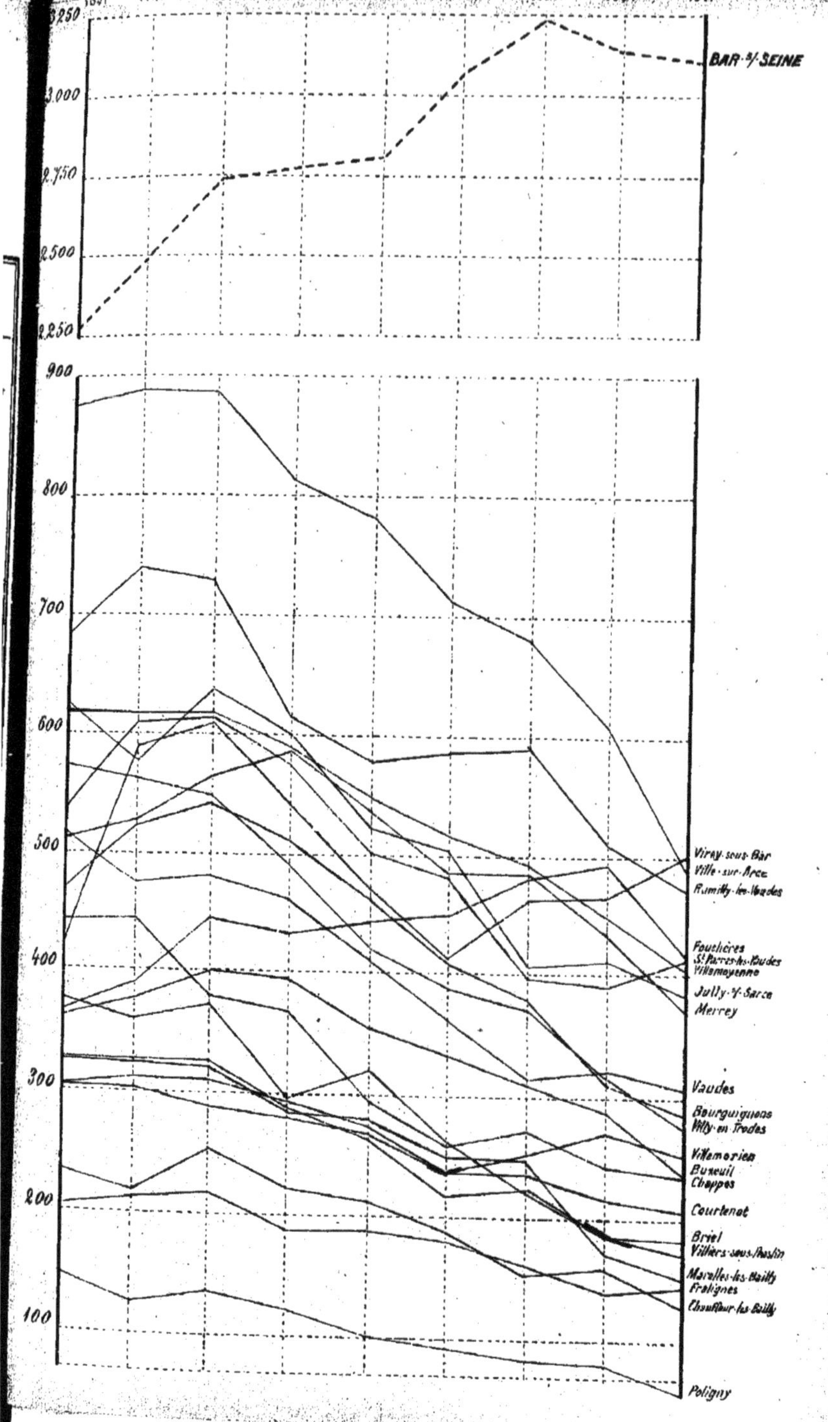

BAR-s/-SEINE
Viray-sous-Bar
Ville-sur-Arce
Rumilly-les-Vaudes
Fouchères
St-Parres-les-Vaudes
Villemoyenne
Jully-s/-Sarce
Merrey
Vaudes
Bourguignons
Villy-en-Trodes
Villemorien
Buxeuil
Chappes
Courtenot
Briel
Villiers-sous-Praslin
Marolles-les-Bailly
Fralignes
Chauffour-les-Bailly
Poligny

Canton de Chaource

COMMUNES	1911	1901	1891	1881	1871	1861	1851	1841	1831
Avreuil	277	337	346	368	379	408	395	424	428
Balnot-la-Grange	243	278	312	321	364	381	412	403	506
Bernon	382	394	384	407	445	452	479	440	426
Chaource	1.138	1.183	1.430	1.491	1.546	1.509	1.598	1.540	1 534
Chaserey	109	135	170	165	166	189	186	175	168
Chesley	579	594	677	714	754	815	860	857	848
Coussegrey	389	395	402	443	493	517	533	508	517
Cussangy	401	415	461	522	566	598	665	691	692
Etourvy	330	346	420	430	473	566	613	631	622
Granges (les)	113	134	145	132	145	149	178	168	163
Lagesse	300	341	370	383	443	478	524	526	535
Lantages	334	385	457	481	525	548	648	620	640
Lignières	453	481	496	540	574	574	637	684	677
Loge-Pomblin (la)	112	163	177	169	156	212	233	183	170
Loges-Margueron (les)	272	337	318	329	402	412	424	391	350
Maisons (les)	301	293	304	323	319	348	376	396	392
Metz-Robert	86	69	77	110	111	99	126	134	113
Pargues	301	343	391	421	431	470	500	520	567
Praslin	118	170	189	204	208	225	255	256	267
Prusy	172	189	190	189	217	213	203	197	182
Turgy	159	176	159	174	185	172	180	183	152
Vallières	280	299	309	310	357	386	423	414	392
Vanlay	573	649	684	730	713	763	746	748	743
Villiers-le-Bois	235	266	269	294	323	365	408	407	382
Vougrey	76	73	79	104	97	120	128	127	117
Totaux	7.733	8.445	9.216	9.754	10.392	10.969	11.730	11.623	11.573

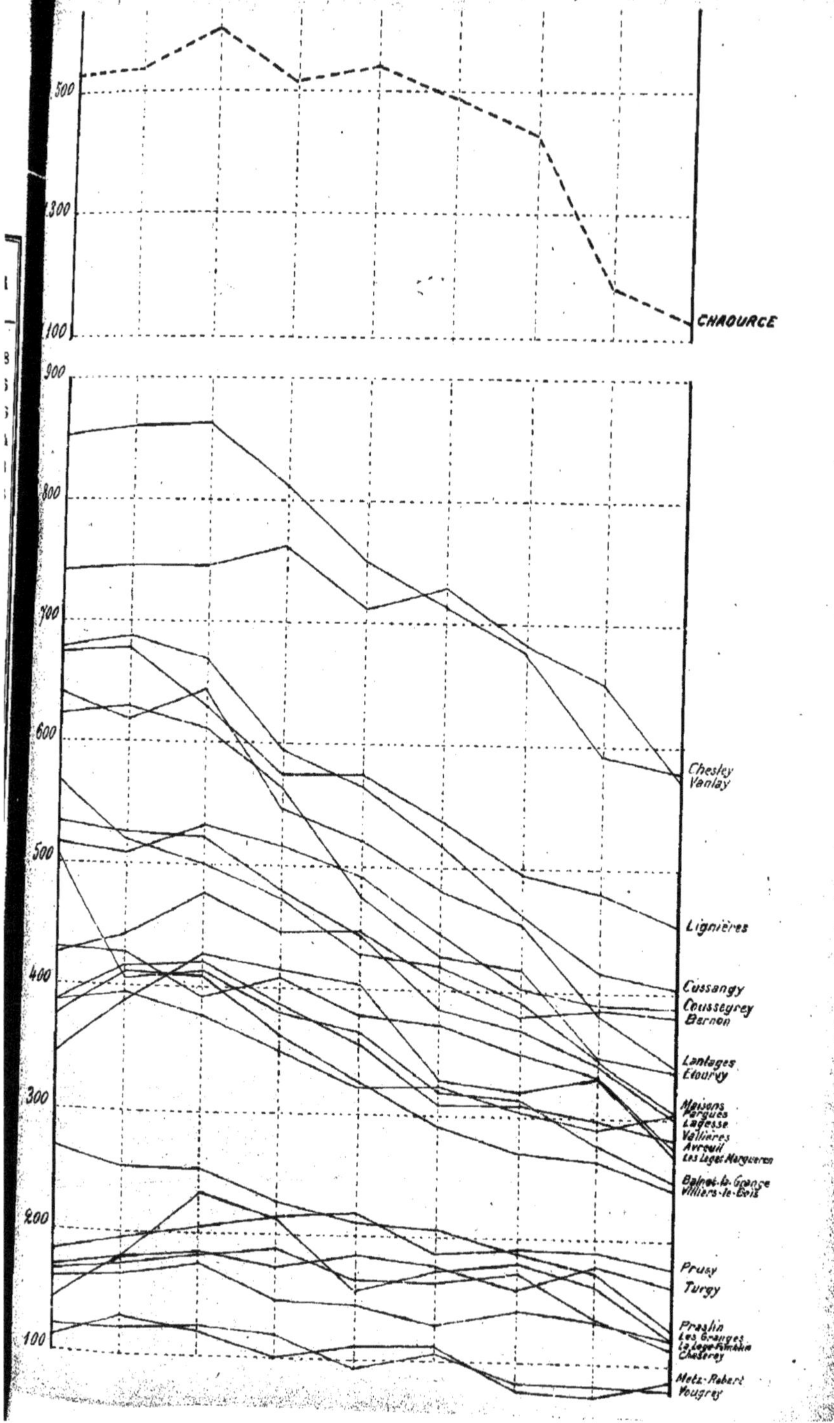

1831
1841
1851
1861
1871
1881
1891
1901
1911
CHAOURCE
Chesley
Vanlay
Lignières
Cussangy
Coussegrey
Bernon
Lantages
Etourvy
Maisons
Vargues
Ladresse
Vallières
Avreuil
les Loges-Margueron
Balnot-la-Grange
Villiers-le-Bois
Prusy
Turgy
Praslin
Les Granges
La Loge-Pomblin
Chaserey
Metz-Robert
Vougrey

Canton d'Essoyes

COMMUNES	1911	1901	1891	1881	1871	1861	1851	1841	1831
Bertignolles	137	159	205	231	257	294	295	324	302
Beurey	306	344	364	394	436	501	530	520	553
Buxières	235	271	331	331	386	447	463	473	467
Chacenay..........	133	184	182	211	219	250	262	289	314
Chervey..........	356	445	498	505	509	564	596	660	824
Cunfin	552	587	764	877	904	1.027	1.247	1.211	1.119
Eguilly..........	178	215	248	249	310	313	343	368	348
Essoyes	1.116	1.444	1.575	1.514	1.596	1.761	1.806	1.727	1.719
Fontette	363	462	508	524	541	579	651	646	602
Landreville........	852	1.212	1.314	1.313	1.426	1.560	1.657	1.459	1.369
Loches-sur-Ource...	684	1.066	1.149	1.109	1.226	1.234	1.370	1.234	1.039
Longpré	157	183	236	246	259	298	317	297	310
Magnant	312	389	396	393	422	474	491	479	484
Montmartin........	156	154	180	182	177	176	184	150	160
Noé-lez-Mellets.....	244	289	331	334	378	400	454	475	483
Puits-et-Nuisement..	237	260	330	326	325	365	387	377	349
Saint-Usage	182	214	268	256	306	308	338	356	332
Thieffrain	213	232	272	299	295	347	335	307	339
Verpillières........	248	342	389	411	439	540	559	584	555
Vitry-le-Croisé	580	674	735	804	891	930	1.069	1.013	1.068
Viviers	193	267	270	279	280	333	353	343	360
TOTAUX.....	7.434	9.393	10.545	10.788	11.582	12.701	13.707	13.292	13.096

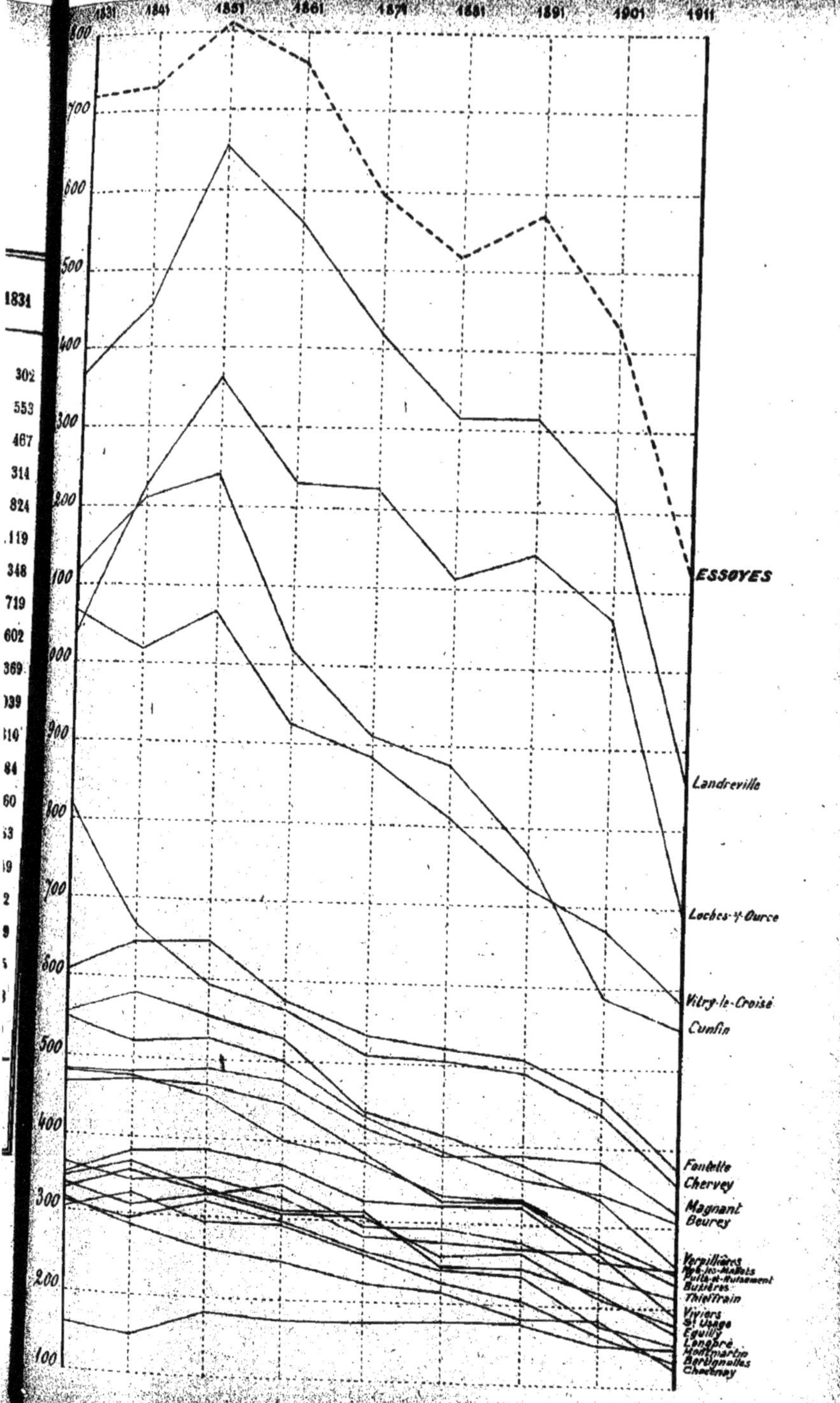

1831 1841 1851 1861 1871 1881 1891 1901 1911
1831
800
700
600
500
400
300
200
100
000
900
800
700
600
500
400
300
200
100
302
553
467
314
824
119
348
719
602
369
339
310
84
60
53
ESSOYES
Landreville
Loches-y-Ource
Vitry-le-Croisé
Cunfin
Fontette
Chervey
Magnant
Beurey
Verpillières
Ville-les-Mallots
Puits-et-Nuisement
Buxières
Thiel-Train
Viviers
St Usage
Eguilly
Longpré
Montmartin
Bertignolles
Chacenay

Canton de Mussy-sur-Seine

COMMUNES	1911	1901	1891	1881	1871	1861	1851	1841	1831
Celles-sur-Ource ...	709	803	877	862	916	1.068	1.027	1.011	1.035
Courteron........	290	349	382	400	475	504	529	498	52[illegible]
Gyé-sur-Seine	812	1.056	1.063	1.085	1.196	1.161	1.237	1.237	1.32[illegible]
Mussy-sur-Seine .	1.310	1.390	1.533	1.551	1.717	1.650	1.804	1.706	1.73[illegible]
Neuville-sur-Seine...	611	814	842	830	880	950	972	966	98[illegible]
Plaines	463	516	692	733	808	874	926	800	55[illegible]
Polisot...........	370	392	403	471	486	454	555	494	50[illegible]
Polisy...........	296	403	441	443	466	563	526	527	5[illegible]
Totaux	4.861	5.723	6.233	6.375	6.939	7.224	7.576	7.239	7.1[illegible]

COMMUNES	Recens' de 1911	Variations de la population entre 1831 et 1911			Variations entre la populat[n] maximum de la commune et le recens' de 1911			
		Recens' de 1831	Différence totale	Différence %	Année du recens'	Popula- tion	Différence totale	Différenc %
Celles-sur-Ource...	709	1.030	— 321	— 31.16	1861	1.068	— 359	— 33.6
Courteron........	290	525	— 235	— 44.76	1851	529	— 239	— 45.[illegible]
Gyé-sur-Seine.....	812	1.324	— 512	— 38.67	1831	1.324	— 512	— 38.6
Mussy-sur-Seine	1.310	1.730	— 420	— 24.27	1851	1.804	— 494	— 27.[illegible]
Neuville-sur-Seine .	611	981	— 370	— 37.55	1831	981	— 370	— 37.5
Plaines	463	559	— 96	— 17.17	1851	926	— 463	— 50
Polisot	370	508	— 138	— 27.16	1851	555	— 185	— 33.[illegible]
Polisy	296	534	— 238	— 44.57	1861	563	— 267	— 47.[illegible]
Totaux ...	4.861	7.191	— 2.330	— 32.40	1851	7.576	— 2.715	— 35.8[illegible]

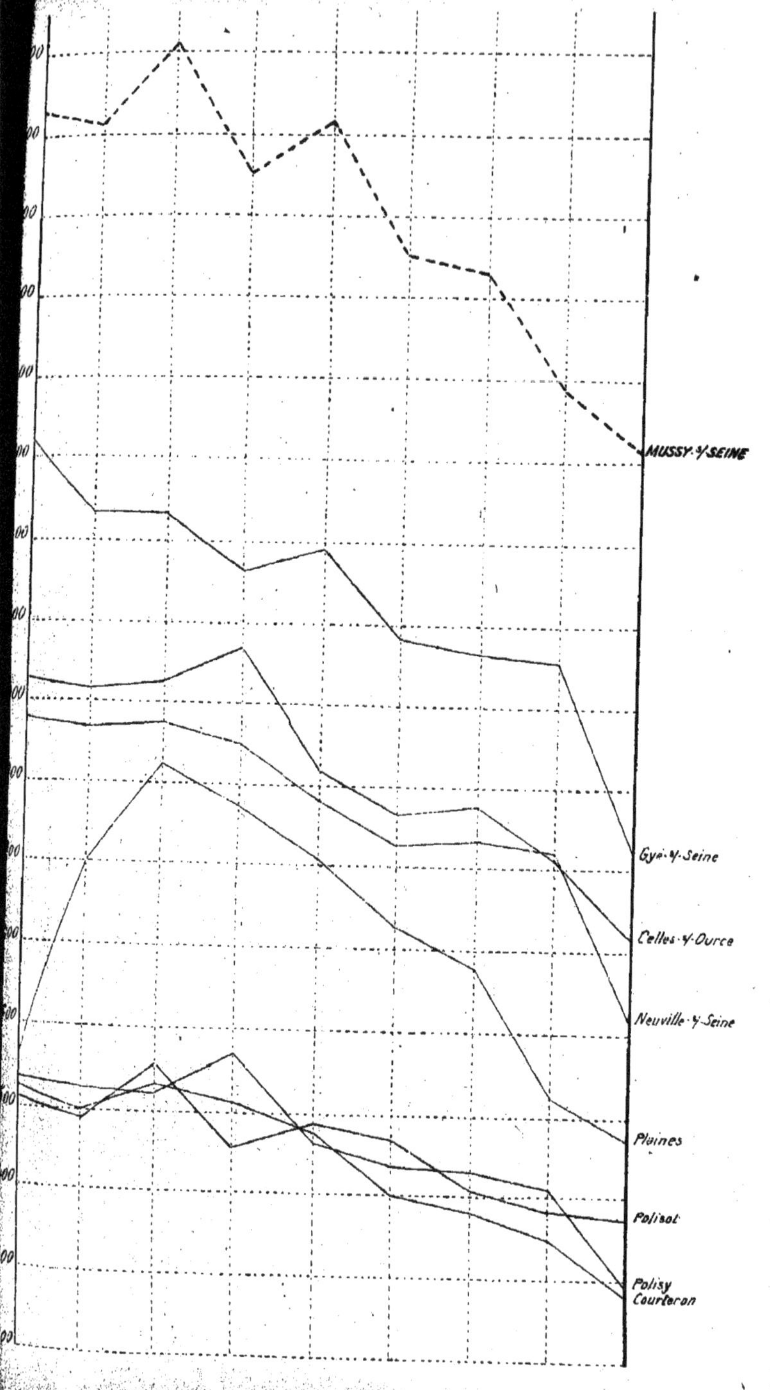

1831 1841 1851 1861 1871 1881 1891 1901 1911
MUSSY·s/·SEINE
Gyé·s/·Seine
Celles·s/· Source
Neuville·s/·Seine
Plaines
Polisot
Polisy
Courteron

Canton des Riceys

COMMUNES	1911	1901	1891	1881	1871	1861	1851	1841	1831
Arrelles	219	242	277	334	362	404	468	513	531
Avirey-Lingey	487	560	620	641	676	764	805	822	895
Bagneux-la-Fosse	470	507	546	577	673	691	743	756	788
Balnot-sur-Laignes	286	371	359	389	420	457	501	530	530
Beauvoir	142	176	191	201	244	252	252	275	234
Bragelogne	360	429	458	404	546	547	598	560	600
Channes	255	287	304	310	350	377	425	456	471
Riceys (les)	2.140	2.296	2.505	2.725	2.957	3.225	3.558	3.455	3.564
Totaux	4.359	4.862	5.260	5.671	6.228	6.717	7.350	7.367	7.613

COMMUNES	Recens de 1911	Variations de la population entre 1831 et 1911			Variations entre la populatⁿ maximum de la commune et le recens de 1911			
		Recens de 1831	Différence totale	Différence %	Année du recens	Population	Différence totale	Différence %
Arrelles	219	531	— 312	— 58.76	1831	531	— 312	— 58.76
Avirey-Lingey	487	895	— 408	— 45.59	1831	895	— 408	— 45.59
Bagneux-la-Fosse	470	788	— 318	— 40.35	1831	788	— 318	— 40.35
Balnot-sur-Laignes	286	530	— 244	— 46.04	1831	530	— 244	— 46.04
Beauvoir	142	234	— 92	— 39.31	1841	275	— 133	— 48.36
Bragelogne	360	600	— 240	— 40	1831	600	— 240	— 40
Channes	255	471	— 216	— 45.86	1831	471	— 216	— 45.86
Riceys (les)	2.140	3.564	— 1.424	— 39.95	1831	3.564	— 1.424	— 59.95
Totaux	4.359	7.613	— 3.254	— 42.74	1831	7.613	— 3.254	— 42.74

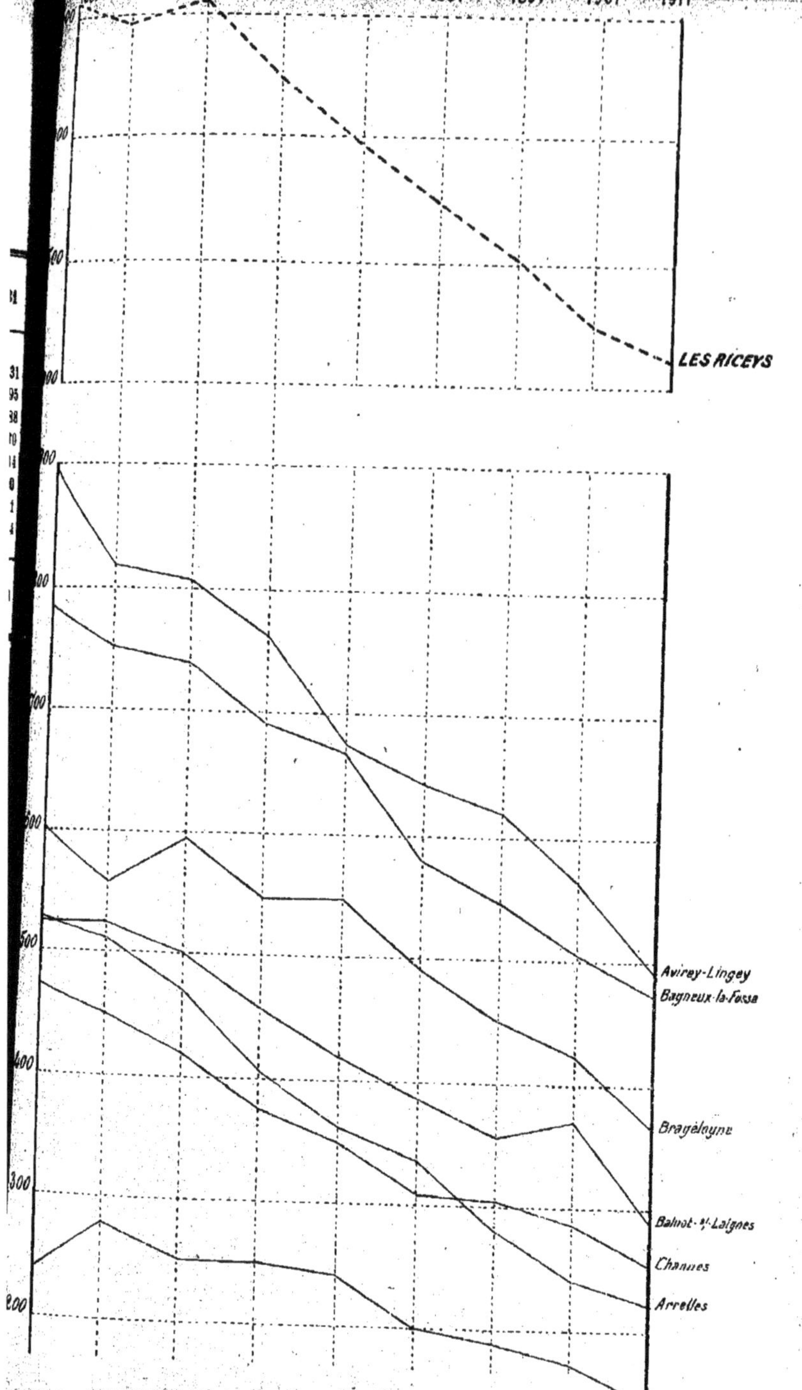

LES RICEYS
Avirey-Lingey
Bagneux-la-Fosse
Brayèlogne
Balnot-s/-Laignes
Channes
Arrelles
Beauvoir

Canton de Bar-sur-Seine

COMMUNES	Recens' de 1911	Variations de la population entre 1831 et 1911			Variations entre la populat⁰ⁿ maximum de la commune et le recens' de 1911			
		Recens' de 1831	Différence totale	Différence %	Année du recens'	Population	Différence totale	Différence %
Bar-sur-Seine...	3.107	2.269	+ 838	+ 36.93	1891	3.237	— 230	— 7.10
Bourguignons......	286	470	— 184	— 39.15	1851	544	— 258	— 47.42
Briel	181	379	— 198	— 52.29	1831	379	— 198	— 52.29
Buxeuil	235	361	— 126	— 34.90	1851	400	— 165	— 41.25
Chappes	234	443	— 209	— 47.18	1841	447	— 213	— 47.65
Chauffour-les-Bailly.	130	239	— 109	— 45.60	1851	257	— 127	— 49.42
Courtenot........	206	303	— 97	— 32.01	1841	312	— 106	— 33.97
Fouchères.	414	539	— 125	— 23.19	1851	619	— 205	— 33.15
Fralignes	142	202	— 60	— 29.70	1851	218	— 76	— 35.14
Jully-sur-Sarce....	383	632	— 249	— 39.40	1851	642	— 259	— 40.34
Marolles-les-Bailly .	151	327	— 176	— 53.79	1831	327	— 176	— 53.79
Merrey	367	508	— 141	— 27.75	1861	587	— 220	— 37.48
Poligny..........	60	150	— 90	— 60	1831	150	— 90	— 60
Rumilly-les-Vaudes.	471	681	— 210	— 30.83	1841	740	— 269	— 36.35
St-Parres-les-Vaudes	414	367	+ 47	+ 12.80	1901	493	— 79	— 16.02
Vaudes	304	514	— 210	— 40.85	1831	514	— 210	— 40.85
Villemorien	249	303	— 54	— 17.82	1831	303	— 54	— 17.82
Villemoyenne......	409	626	— 217	— 34.67	1831	626	— 217	— 34.67
Ville-sur-Arce	489	869	— 380	— 43.73	1841	887	— 398	— 44.87
Villiers-sous-Praslin	172	330	— 158	— 47.88	1841	331	— 159	— 48.04
Villy-en-Trodes ...	274	570	— 296	— 51.93	1831	570	— 296	— 51.93
Virey-sous-Bar ...	502	420	+ 82	+ 19.52	1851	615	— 113	— 18.37
TOTAUX ...	9.180	11.502	— 2.322	— 20.18	1851	12.459	— 3.279	— 26.32

Canton de Chaource

(… maximum de 1911) Différence %	COMMUNES	Recens. de 1911	Variations de la population entre 1831 et 1911			Variations entre la populat. maximum de la commune et le recens. de 1911			
			Recens. de 1831	Différence totale	Différence %	Année du recens.	Population	Différence totale	Différence %
— 7.10	Avreuil	277	428	— 151	— 35.28	1831	428	— 151	— 35.28
— 47.42	Balnot-la-Grange	243	506	— 263	— 51.98	1831	506	— 263	— 51.98
— 52.29	Bernon	382	426	— 44	— 10.33	1851	479	— 97	— 20.25
— 41.25	Chaource	1.138	1.534	— 396	— 25.81	1851	1.598	— 460	— 28.79
— 47.65	Chaserey	109	168	— 59	— 35.12	1861	189	— 80	— 42.33
— 49.42	Chesley	579	848	— 269	— 31.72	1851	860	— 281	— 32.67
— 33.97	Coussegrey	389	517	— 128	— 24.76	1851	533	— 144	— 27.01
— 33.55	Cussangy	401	682	— 281	— 41.20	1841	691	— 290	— 41.97
— 35.14	Étourvy	330	622	— 292	— 46.94	1841	631	— 301	— 47.70
— 40.34	Granges (les)	113	163	— 50	— 30.67	1851	178	— 65	— 36.52
— 53.79	Lagesse	300	535	— 235	— 43.92	1831	535	— 235	— 43.92
— 37.48	Lantages	334	640	— 306	— 47.81	1851	648	— 314	— 48.45
— 60	Lignières	453	677	— 224	— 33.08	1841	684	— 231	— 33.77
— 36.35	Loge-Pomblin (la)	112	170	— 58	— 34.12	1851	233	— 121	— 51.93
— 16.02	Loges-Marguer. (les)	272	350	— 78	— 22.28	1851	424	— 152	— 35.84
— 40.85	Maisons (les)	301	392	— 91	— 23.21	1841	396	— 95	— 23.98
— 17.82	Metz-Robert	86	113	— 27	— 23.89	1841	134	— 48	— 35.82
— 34.67	Pargues	301	567	— 266	— 46.91	1831	567	— 266	— 46.91
— 44.87	Praslin	118	267	— 149	— 55.80	1831	267	— 149	— 55.80
— 48.04	Prusy	172	182	— 10	— 5.49	1871	217	— 45	— 20.74
— 51.93	Turgy	159	152	+ 7	+ 4.60	1871	185	— 26	— 14.05
— 18.37	Vallières	280	392	— 112	— 28.57	1851	423	— 143	— 33.80
[illegible]	Vanlay	573	743	— 170	— 22.88	1861	763	— 190	— 24.90
[illegible]	Villiers-le-Bois	235	382	— 147	— 38.48	1851	408	— 173	— 42.40
[illegible]	Vougrey	76	117	— 41	— 35.04	1851	128	— 52	— 40.62
— 6.32	**Totaux**	7.733	11.573	— 3.840	— 33.18	1851	11.730	— 3.997	— 34.07

Canton d'Essoyes

COMMUNES	Recens' de 1911	Variations de la population entre 1831 et 1911			Variations entre la populat° maximum de la commune et le recens' de 1911			
		Recens' de 1831	Différence totale	Différence °/.	Année du recens'	Population	Différence totale	Différence °/.
Bertignolles	137	302	— 165	— 54.97	1841	324	— 187	— 57.71
Beurey	306	553	— 247	— 44.67	1831	553	— 247	— 44.67
Buxières........	235	467	— 232	— 49.68	1841	473	— 226	— 50.32
Chacenay........	133	314	— 181	— 57.64	1831	314	— 181	— 57.64
Chervey	356	824	— 468	— 56.79	1831	824	— 468	— 50.79
Cunfin..........	552	1.119	— 767	— 50.67	1851	1.247	— 695	— 55.73
Eguilly	178	348	— 170	— 48.85	1841	368	— 190	— 51.63
Essoyes	1.116	1.719	— 603	— 35.07	1851	1.806	— 690	— 38.20
Fontette	363	602	— 239	— 39.70	1851	651	— 288	— 44.24
Landreville..	852	1.369	— 517	— 37.76	1851	1.657	— 805	— 48.58
Loches-sur-Ource..	684	1.039	— 355	— 34.17	1851	1.370	— 686	— 50.07
Longpré ....:	157	310	— 153	— 49.35	1851	317	— 160	— 50.47
Magnant.........	312	484	— 172	— 35.54	1851	491	— 179	— 36.45
Montmartin.......	156	160	— 4	— 2.50	1851	184	— 28	— 15.21
Noé-les-Mallets.,..	244	483	— 239	— 49.48	1831	483	— 239	— 49.48
Puits-et-Nuisement.	237	349	— 112	— 32.09	1851	387	— 150	— 38.76
Saint-Usage	182	332	— 150	— 45.18	1841	356	— 174	— 48.87
Thieffrain	213	339	— 126	— 37.17	1861	347	— 134	— 38.61
Verpillières	248	555	— 307	— 55.31	1841	584	— 336	— 57.53
Vitry-le-Croisé....	580	1.068	— 488	— 45.69	1851	1.069	— 489	— 45.74
Viviers	193	360	— 167	— 46.39	1831	360	— 167	— 46.39
Totaux....	7.434	13.096	— 5.662	— 43.24	1851	13.707	— 6.273	— 45.76

perd, de 1851 à 1911, 6,273 habitants, soit 45.76 °/₀ de sa population.

d) CANTON DE MUSSY-SUR-SEINE. — Le canton de Mussy-sur-Seine est viticole au Nord et à l'Ouest, forestier au Sud; une seule commune, Plaines, avait autrefois des forges à fer qui ne fonctionnent plus actuellement; ce fait explique la diminution de 50 °/₀ de sa population entre les recensements de 1851 et de 1911. D'une façon plus générale, toutes les communes de ce canton subissent des diminutions variant de 17.17 à 44.76 °/₀ sur le recensement de 1831.

En comparant la population de 1911 de chacune de ses communes aux populations maxima observées durant cette période, sept communes sur huit perdent plus de 30 °/° de leur population totale, avec un maximum de 50 °/₀ pour la commune de Plaines.

e) CANTON DES RICEYS. — Canton essentiellement viticole; la réputation de ses vins en avait assuré la prospérité jusqu'à l'époque désastreuse du phylloxéra; longtemps privé de voies de communication faciles, la mise en exploitation du chemin de fer départemental des Riceys à Cunfin redonnera peut-être un peu d'activité à cette région accidentée, où la culture de la vigne est seule facile.

Fatalement la diminution entre les recensements de 1831 et de 1911 est fort sensible; des huit communes que compte ce canton, deux perdent de 30 à 40 °/₀, cinq de 40 à 50 °/° et une (Arrelles) atteint le chiffre élevé de 58.76 °/₀. Le chef-lieu lui-même perd, durant ces quatre-vingts années, 1,424 habitants, soit près de 40 °/₀ de sa population de 1831.

En résumé, sur quatre-vingt-quatre communes que compte l'arrondissement de Bar-sur-Seine, quatre seulement ont, en 1911, une population égale ou à peine supérieure à celle de 1831, dont trois dans le canton de Bar-sur-Seine; le chef-lieu d'arrondissement lui-même, malgré la présence de sa verrerie et de ses tanneries, passe seulement de 2,269 à 3,237 habitants en 1891; puis, depuis cette époque, redescend à 3,107 habitants en 1911.

Récapitulons dans le tableau ci-dessous les variations observées pour les cinq cantons de l'arrondissement :

CANTONS	Nombre de communes	Augmentation	DIMINUTION					
			— 10 %	10 à 20 %	20 à 30 %	30 à 40 %	40 à 50 %	+ 50 %
Comparaison entre les recensements de 1911 et de 1831								
Bar-sur-Seine...	22	3	»	1	3	6	5	4
Chaource	25	1	1	1	7	8	5	2
Essoyes........	21	»	1	»	»	7	8	5
Mussy-sur-Seine .	8	»	»	1	2	3	2	»
Les Riceys	8	»	»	»	»	2	5	1
Totaux	84	4	2	3	12	26	25	12
Comparaison entre le recensement de 1911 et les populations maxima des communes								
Bar-sur-Seine ...	22	»	1	3	»	6	8	4
Chaource......	25	»	»	1	6	7	8	3
Essoyes.......	21	»	»	1	»	4	7	9
Mussy-sur-Seine .	8	»	»	»	1	2	2	1
Les Riceys	8	»	»	»	»	4	5	1
Totaux	84	»	1	5	7	22	31	18

Dix-huit communes de l'arrondissement de Bar-sur-Seine, soit plus du cinquième, ont perdu plus de la moitié de leur population; trente-et-une autres perdent de 40 à 50 %, ce qui fait que quarante-neuf communes sur quatre-vingt-quatre, soit près des 3/5 ont perdu plus de 40 % de leur population. C'est le chiffre le plus élevé que nous ayons observé au cours de cette étude et nous avons indiqué précédemment les raisons de cette effrayante dépopulation.

4° Arrondissement de Nogent-sur-Seine

(Voir tableaux et graphiques pages suivantes.)

a) CANTON DE MARCILLY-LE-HAYER. — Le canton de Marcilly-le-Hayer est le plus étendu du département, dont il couvre plus du 1/15; c'est avant tout une région agricole, plutôt pauvre, dont la population est très faible. Par rapport au recensement de 1831, trois communes ont une population plus élevée en 1911 (Marigny-le-Châtel, Pâlis et Prunay-Belleville) et même Marigny-le-Châtel arrive à son maximum de population en 1911; quant aux autres communes, huit subissent de 30 à 40 %. de perte, et quatre plus de 40 %, avec un maximum de 56.58 %. pour Rigny-la-Nonneuse. Par rapport à la population maximum, la plupart des communes s'accroissent jusque vers 1871, puis diminuent rapidement depuis cette époque, et seize perdent plus de 40 %. de leur population, avec un maximum de 59.42 %. pour la même commune de Rigny-la-Nonneuse.

b) CANTON DE NOGENT-SUR-SEINE. — Canton essentiellement agricole; commencement des riches plaines de la Brie et par suite des fermes importantes. Cette région a moins souffert assurément de la dépopulation que les autres parties du département. Deux communes ont même augmenté de population, dont le chef-lieu, mais les diminutions par rapport au recensement de 1831 sont assez peu sensibles, puisque cinq communes seulement ont perdu plus de 30 %, avec un maximum de 50.23 %. pour la commune de Quincey, nouvelle venue dans le canton.

Grâce à ses industries nouvelles : brosserie, minoterie, sucrerie et même malterie, la ville de Nogent-sur-Seine s'accroît assez rapidement et atteint près de 4,000 habitants, tandis que toutes les autres communes du canton ont

Canton de Marcilly-le-Hayer

COMMUNES	1911	1901	1891	1881	1871	1861	1851	1841	1831
Avant-les-Marcilly ..	462	453	550	550	571	574	591	552	477
Avon-la-Pèze	193	240	273	257	274	298	310	318	313
Bercenay-le-Hayer ..	203	216	260	277	289	330	322	326	298
Bourdenay	166	188	197	229	249	263	293	298	243
Charmoy	69	80	82	90	96	107	104	98	96
Dierrey-Saint-Julien .	263	296	315	340	379	379	379	410	388
Dierrey-Saint-Pierre .	225	238	290	284	331	375	360	354	359
Echemines	94	108	135	139	154	161	158	147	171
Faux-Villecerf	210	218	271	290	315	350	341	352	318
Fay	161	147	185	171	194	229	255	271	249
Marcilly-le-Hayer	574	578	652	664	737	742	808	707	627
Marigny-le-Châtel ..	892	786	603	583	536	523	471	501	459
Mesnil-Saint-Loup ..	278	314	372	371	392	350	358	355	292
Pâlis	1.059	1.166	1.269	1.330	1.371	1.291	1.254	1.046	865
Planty............	467	505	570	637	696	645	616	582	535
Pouy.............	294	330	385	399	436	483	474	441	415
Prunay-Belleville ...	209	242	244	261	278	290	293	292	146
Rigny-la-Nonneuse ..	155	192	237	236	259	277	286	382	357
Saint-Flavy	213	232	246	265	237	228	220	239	388
Saint-Lupien.......	181	192	197	230	255	261	267	288	259
Trancault	236	234	292	311	325	371	349	349	311
Villadin	255	321	352	450	488	504	478	515	466
TOTAUX.....	6.859	7.276	7.977	8.364	8.862	9.031	8.987	8.813	8.032

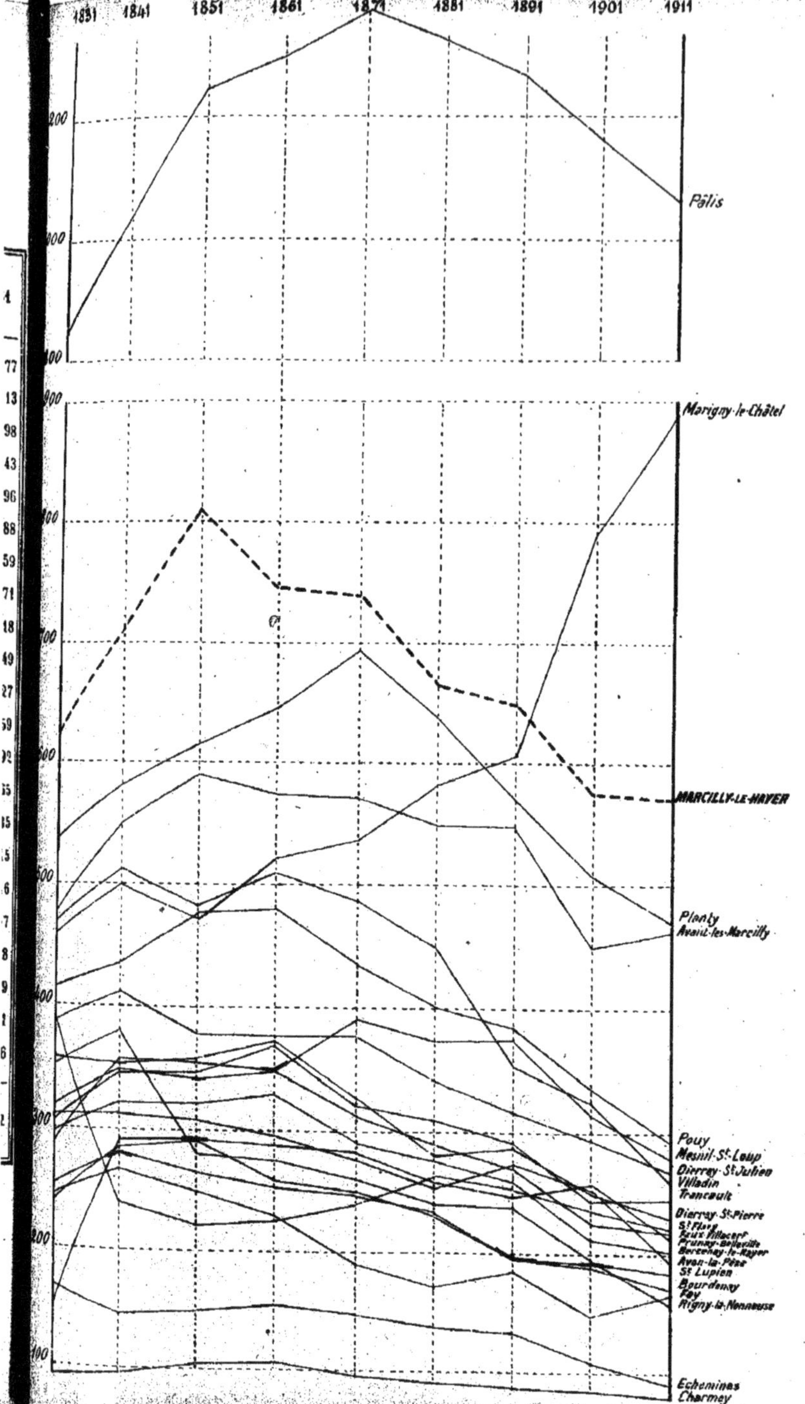

1831
1841
1851
1861
1871
1881
1891
1901
1911
200
100
900
800
700
600
500
400
300
200
100
Pâlis
Marigny-le-Châtel
MARCILLY-LE-HAYER
Planty
Avant-les-Marcilly
Pouy
Mesnil-St-Loup
Dierrey-St-Julien
Villadin
Trancault
Dierrey-St-Pierre
St Flavy
Faux-Villacerf
Prunay-Belleville
Bercenay-le-Hayer
Avon-la-Pèze
St Lupien
Bourdenay
Fay
Rigny-la-Nonneuse
Echemines
Charmey

Canton de Nogent-sur-Seine

COMMUNES	1911	1901	1891	1881	1871	1861	1851	1841	1831
Bouy-sur-Orvin	108	121	103	124	124	135	121	130	110
Courceroy	188	215	219	241	254	245	221	229	223
Fontaine-Mâcon	479	533	538	565	609	633	600	641	581
Fontenay-de-Bossery	85	99	109	106	94	101	84	92	78
Gumery	307	302	300	305	345	326	356	356	345
Louptière-Thénard (la)	244	268	316	342	383	374	387	366	355
Marnay	341	387	392	366	422	438	420	363	428
Mériot (le)	423	503	609	603	604	545	595	600	615
Motte-Tilly (la)	400	440	441	458	493	495	524	506	512
Nogent-sur-Seine	3.976	3.818	3.704	3.469	3.474	3.530	3.469	3.383	3.277
Plessis-Gâtebled	98	102	114	118	112	115	131	142	147
Pont-sur-Seine	678	756	816	872	854	916	931	890	872
Quincey	105	118	131	162	188	225	220	244	211
Saint-Aubin	420	468	516	528	609	690	663	621	566
Saint-Nicolas	120	140	141	161	184	222	227	229	237
Soligny-les-Etangs	266	275	337	357	359	355	376	357	328
Trainel	1.104	1.255	1.317	1.341	1.380	1.330	1.276	1.261	1.207
Totaux	9.342	9.800	10.103	10.118	10.488	10.675	10.591	10.410	9.890

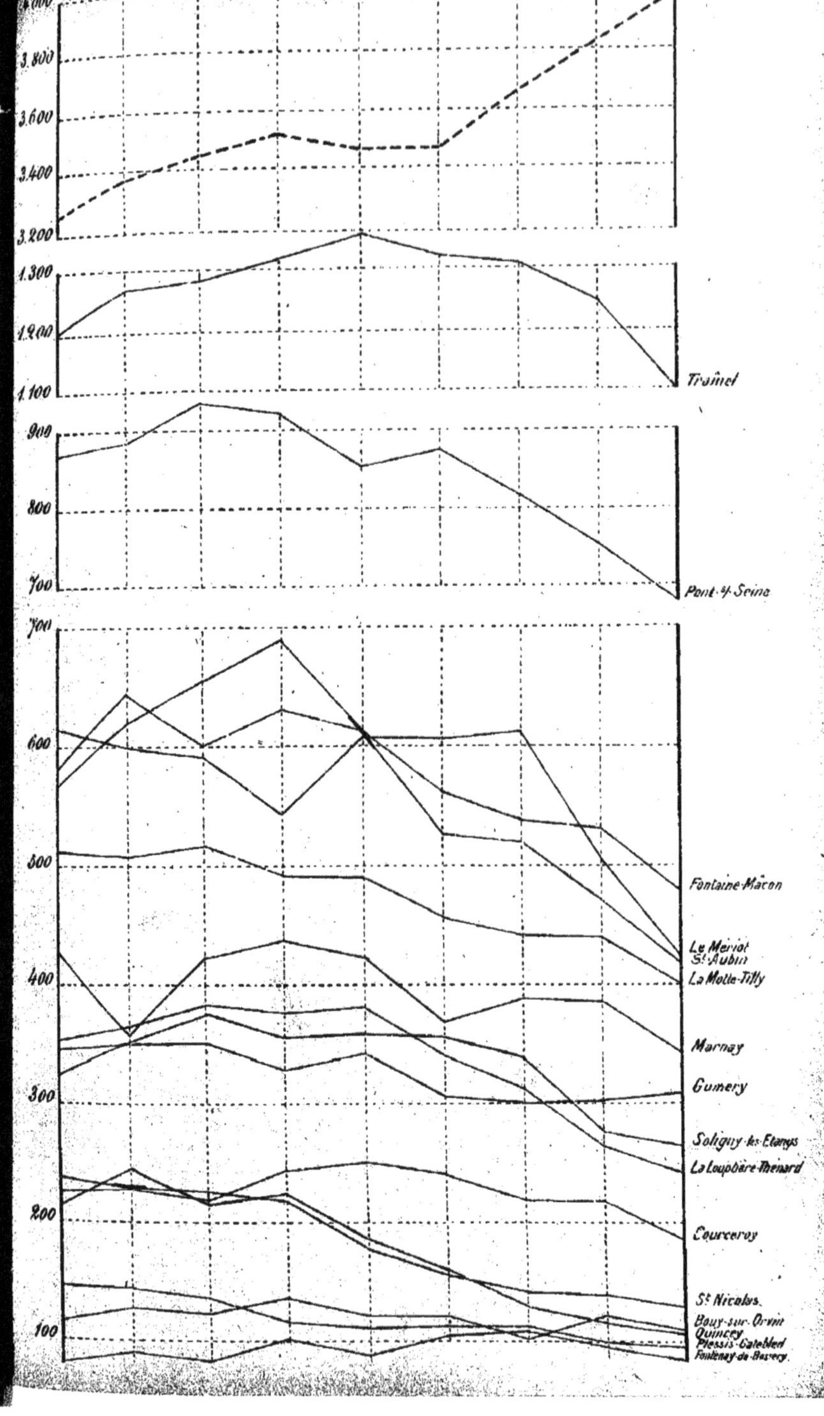

1831 1841 1851 1861 1871 1881 1891 1901 1911
4.000
3.800
3.600
3.400
3.200
NOGENT-S/-SEINE
1.300
1.200
1.100
Tramel
900
800
700
Pont-s/-Seine
700
600
500
400
300
200
100
Fontaine-Macon
Le Meriot
St-Aubin
La Motte-Tilly
Marnay
Gumery
Soligny-les-Etangs
La Loupbère-Thenard
Courceroy
St-Nicolas
Bouy-sur-Orvin
Quincey
Plessis-Gatebled
Fontenay-de-Bossery

Canton de Romilly-sur-Seine

COMMUNES	1911	1901	1891	1881	1871	1861	1851	1841	1831
Crancey	483	500	493	472	548	547	537	489	406
Ferreux..........	253	277	306	310	332	370	363	371	315
Fontaine-les-Grès ..	410	403	451	453	483	433	448	447	425
Fosse-Corduan (la)..	262	247	223	237	278	323	281	307	312
Gelannes	637	635	676	632	609	651	609	592	449
Maizières-la-G^{de}-Par^e	1.242	1.233	1.378	1.408	1.513	1.520	1.542	1.532	1.382
Origny-le-Sec......	722	775	843	854	849	816	783	743	730
Orvilliers	336	338	430	412	518	557	550	540	541
Ossey-les-3-Maisons.	373	356	369	319	322	350	330	324	312
Pars-les-Romilly ...	302	290	297	248	246	274	249	234	233
Romilly-sur-Seine	11.652	9.001	7.244	5.283	5.030	4.290	3.738	3.737	3.117
Saint-Hilaire.......	340	289	313	349	401	424	413	382	367
St-Loup-de-Buffigny.	182	207	206	228	245	263	265	291	279
St-Martin-de-Bossen.	401	379	372	346	348	363	334	242	225
Totaux.....	17.595	14.930	13.601	11.551	11.722	11.181	10.445	10.231	9.093

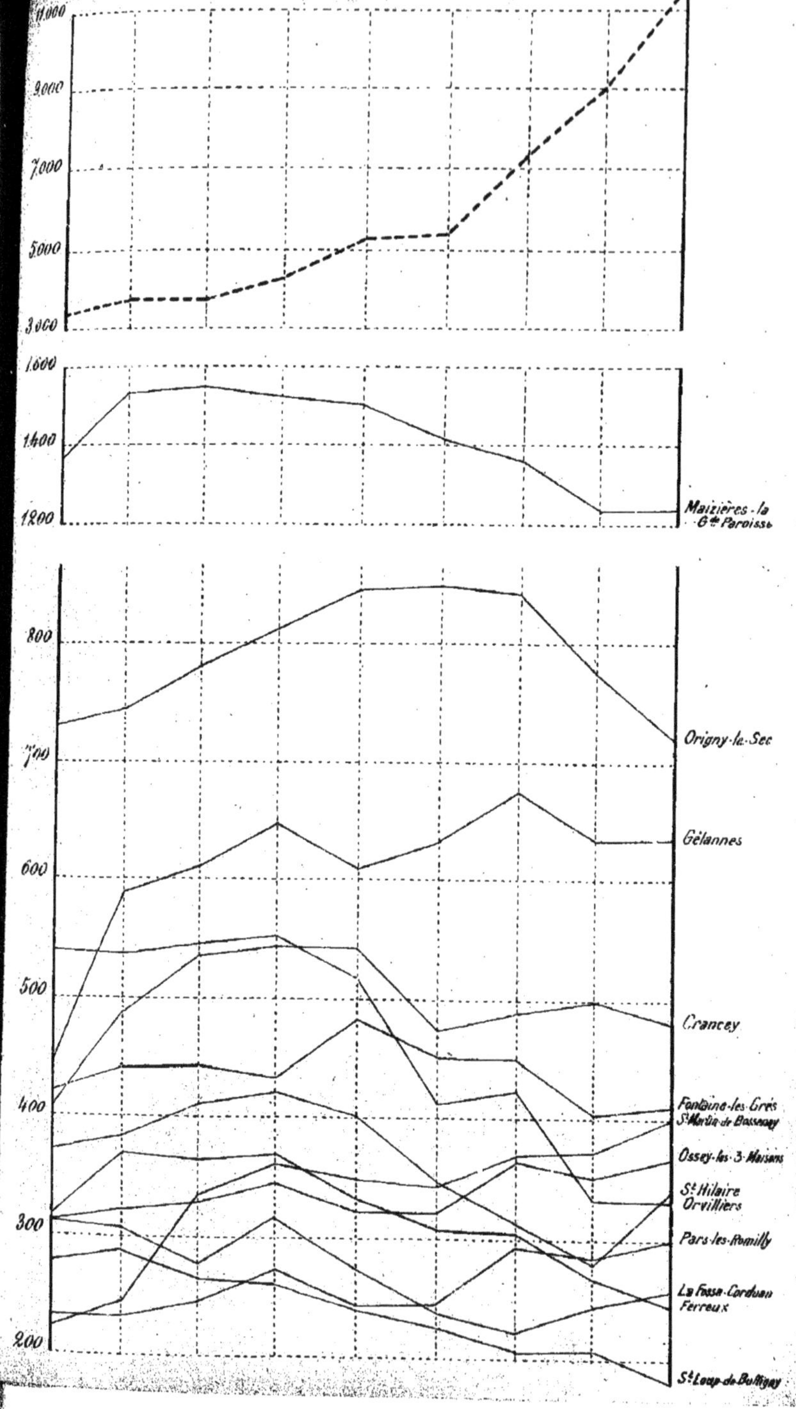

1831 1841 1851 1861 1871 1881 1891 1901 1911
ROMILLY-Y-SEINE
11.000
9.000
7.000
5.000
3.000
1.600
1.400
1.200
Maizières-la-G.te-Paroisse
800
700
600
500
400
300
200
Origny-le-Sec
Gélannes
Crancey
Fontaine-les-Grès
St-Martin-de-Bossenay
Ossey-les-3-Maisons
St-Hilaire
Orvilliers
Pars-les-Romilly
La Fosse-Corduan
Ferreux
St-Loup-de-Buffigny

Canton de Villenauxe

COMMUNES	1911	1901	1891	1881	1871	1861	1851	1841	1831
Barbuise	401	433	477	527	579	586	593	565	565
Montpothier	368	413	484	477	484	525	557	511	518
Périgny-la-Rose....	165	167	191	191	192	210	191	204	182
Plessis-Barbuise....	184	212	220	208	231	263	273	257	231
Saulsotte (la)	586	650	729	758	793	804	848	903	868
Villenauxe	2.168	2.239	2.347	2.259	2.361	2.508	2.504	2.669	2.430
Villeneuve-au-Ch.(la)	159	169	202	212	224	240	222	222	206
Totaux	4.031	4.283	4.650	4.632	4.864	5.136	5.188	5.331	5.000

COMMUNES	Recens' de 1911	Variations de la population entre 1831 et 1911			Variations entre la populat" maximum de la commune et le recens' de 1911			
		Recens' de 1831	Différence totale	Différence %	Année du recens'	Population	Différence totale	Différence %
Barbuise.........	401	565	— 164	— 29.02	1851	593	— 182	— 30.69
Montpothier	368	518	— 150	— 28.95	1851	557	— 189	— 33.91
Périgny-la-Rose ...	165	182	— 17	— 9.34	1861	210	— 45	— 21.43
Plessis-Barbuise ...	184	231	— 47	— 20.34	1851	273	— 89	— 32.60
Saulsotte (la)	586	868	— 272	— 31.33	1841	903	— 317	— 35.10
Villenauxe	2.168	2.430	— 262	— 10.78	1841	2.669	— 501	— 18.76
Villeneuve-au-C. (la)	159	206	— 47	— 22.81	1861	240	— 81	— 33.75
Totaux....	4.031	5.000	— 969	— 19.38	1841	5.331	— 1.300	— 24.38

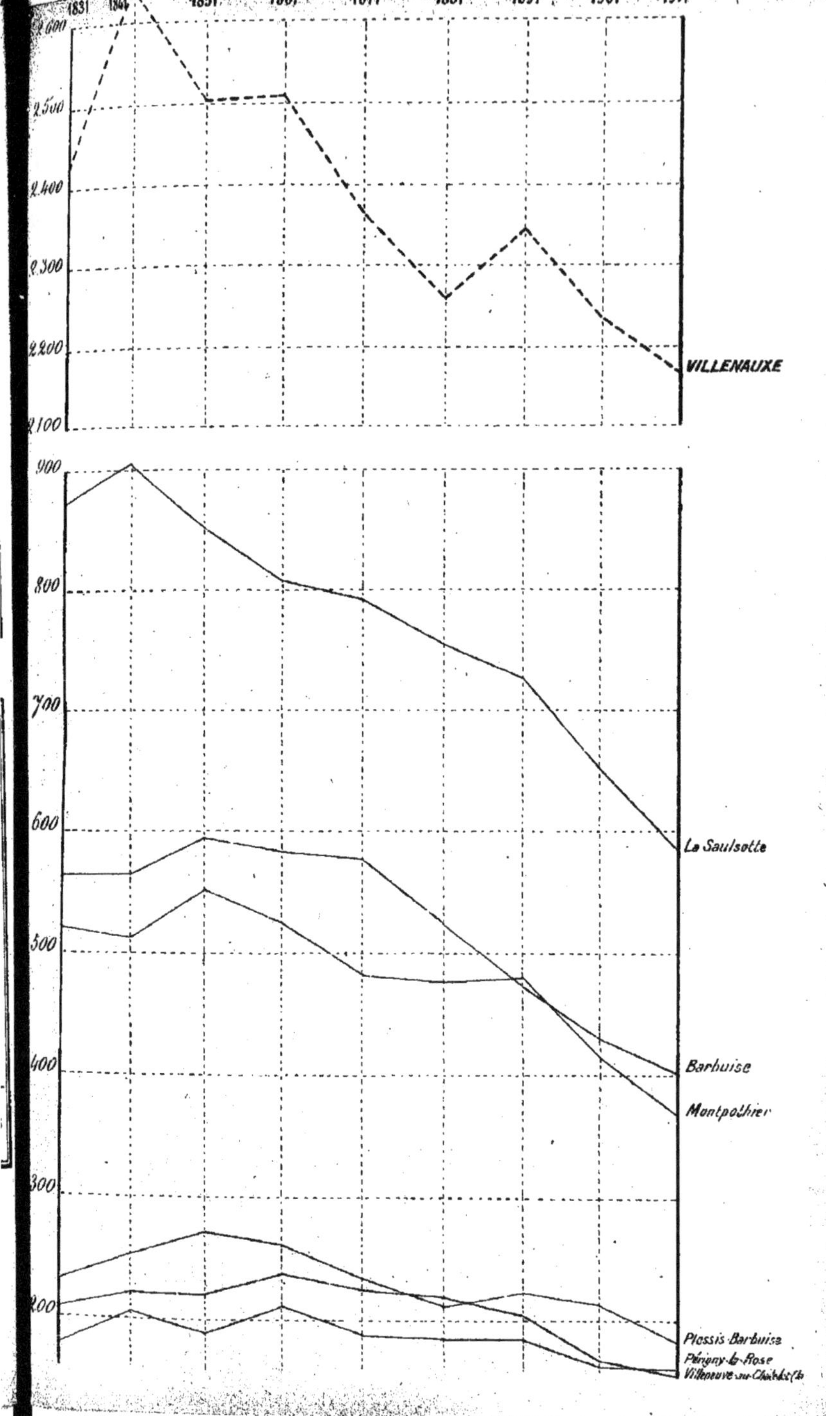

1831 1844 1851 1861 1871 1881 1891 1901 1911
2.600
2.500
2.400
2.300
2.200
2.100
VILLENAUXE
900
800
700
600
500
400
300
200
La Saulsotte
Barbuise
Montpothier
Plessis-Barbuise
Périgny-la-Rose
Villeneuve-au-Chemin (?)

Canton de Marcilly-le-Hayer

COMMUNES	Recens' de 1911	Variations de la population entre 1831 et 1911			Variations entre la populatⁿ maximum de la commune et le recens' de 1911			
		Recens' de 1831	Différence totale	Différence %	Année du recens'	Population	Différence totale	Différence %
Avant-les-Marcilly..	462	477	— 15	— 3.15	1851	591	— 129	— 21.82
Avon-la-Pèze.....	193	313	— 120	— 38.34	1841	318	— 125	— 39.31
Bercenay-le-Hayer.	203	298	— 95	— 31.88	1861	330	— 127	— 38.48
Bourdenay	166	243	— 77	— 31.68	1851	293	— 127	— 43.34
Charmoy.........	69	96	— 27	— 28.12	1861	107	— 38	— 35.51
Dierrey-Saint-Julien	263	388	— 125	— 32.21	1841	410	— 147	— 35.85
Dierrey-Saint-Pierre	225	359	— 134	— 37.32	1861	375	— 150	— 40
Echemines	94	171	— 77	— 45.03	1831	171	— 77	— 45.03
Faux-Villecerf	210	318	— 108	— 33.96	1841	352	— 142	— 40.34
Fay	161	249	— 88	— 35.34	1841	271	— 110	— 40 59
Marcilly-le-Hay.	574	627	— 53	— 8.45	1851	808	— 234	— 28.96
Marigny-le-Châtel .	892	459	+ 433	+ 94.33	»	»	»	»
Mesnil-Saint-Loup.	278	292	— 14	— 4.79	1871	392	— 114	— 29.08
Pâlis	1.059	865	+ 194	+ 21.96	1871	1.371	— 312	— 22 76
Planty..........	467	535	— 68	— 12.71	1871	696	— 229	— 32.90
Pouy.......... ..	294	415	— 121	— 29.15	1861	483	— 189	— 39.13
Prunay-Belleville...	209	146	+ 63	+ 43.15	1851	293	— 84	— 28.67
Rigny-la-Nonneuse .	155	357	— 202	— 56.58	1841	382	— 227	— 59.42
Saint-Flavy.......	213	388	— 175	— 45.10	1831	388	— 175	— 45.10
Saint-Lupien......	181	259	— 78	— 30.11	1841	288	— 107	— 37.15
Trancault	236	311	— 75	— 24.11	1861	371	— 135	— 36.38
Villadin.........	255	466	— 211	— 45.28	1841	515	— 260	— 50.48
TOTAUX....	6.859	8.032	— 1.173	— 14.60	1861	9.031	— 2.172	— 24.05

Canton de Nogent-sur-Seine

COMMUNES	Recens' de 1911	Variations de la population entre 1831 et 1911			Variations entre la populat^n maximum de la commune et le recens' de 1911			
		Recens' de 1831	Différence totale	Différence %	Année du recens'	Popula-tion	Différence totale	Différence %
Pouy-sur-Orvin....	108	110	— 2	— 1.82	1861	135	— 27	— 20
Courceroy.........	188	223	— 35	— 15.69	1871	254	— 66	— 25.98
Fontaine-Mâcon....	479	581	— 102	— 17.56	1841	641	— 162	— 25.27
Fontenay-de-Bossery	85	78	+ 7	+ 8.96	1891	109	— 24	— 22.02
Gumery..........	307	345	— 38	— 11.01	1851	356	— 49	— 13.76
Louptière-Thén^d (la)	244	355	— 111	— 31.27	1851	387	— 143	— 36.95
Marnay..........	341	426	— 85	— 19.95	1861	438	— 97	— 22.14
Mériot (le)	423	615	— 192	— 31.22	1831	615	— 192	— 31.22
Motte-Tilly (la) ...	400	512	— 112	— 21.87	1851	524	— 124	— 23.66
Nogent-s.-Seine.	3.976	3.277	+ 699	+ 21.33	»	»	»	»
Plessis-Gâtebled...	98	147	— 49	— 33 33	1831	147	— 49	-- 33.33
Pont-sur-Seine	678	872	— 194	— 22.25	1851	931	— 253	— 27.17
Quincey	105	211	— 106	— 50.23	1841	244	— 139	— 56.97
Saint-Aubin.......	420	566	— 146	— 25.79	1861	690	— 270	— 39.13
Saint-Nicolas......	120	237	— 117	— 49.37	1831	237	— 117	— 49.37
Soligny-les-Etangs .	266	328	— 62	— 18.93	1851	376	— 110	— 29.25
Trainel..........	1.104	1.207	— 103	— 8.53	1871	1.380	— 276	— 20
TOTAUX....	9.342	9.890	— 548	— 5.54	1861	10.675	— 1.333	— 12.49

Canton de Romilly-sur-Seine

COMMUNES	Recens' de 1911	Variations de la population entre 1831 et 1911			Variations entre la populat[n] maximum de la commune et le recens' de 1911			
		Recens' de 1831	Différence totale	Différence %	Année du recens'	Popula-tion	Différence totale	Différence %
Crancey	483	406	+ 77	+ 18.96	1871	548	— 65	— 11.86
Ferreux	253	315	— 62	— 19.68	1841	371	— 116	— 31.26
Fontaine-les-Grès .	410	425	— 15	— 3.53	1871	483	— 73	— 15.11
Fosse-Corduan (la).	262	312	— 52	— 16.66	1861	323	— 61	— 18.88
Gelannes.........	637	449	+ 188	+ 41.87	1891	678	— 39	— 5.76
Maizières-la-G.-Par.	1.242	1.382	— 140	— 10.13	1851	1.542	— 300	— 19.45
Origny-le-Sec	722	730	— 8	— 1.09	1881	854	— 132	— 15.46
Orvilliers	336	541	— 205	— 37.89	1861	557	— 221	— 39.68
Ossey-les-3-Maisons.	373	312	+ 61	+ 19 55	»	»	»	»
Pars-les-Romilly ...	302	233	+ 69	+ 29.61	»	»	»	»
Romilly-s-Seine.	11.652	3.117	+ 8.535	+ 273.82	»	»	»	»
Saint-Hilaire......	340	367	— 27	— 7.36	1861	424	— 84	— 19.81
St-Loup-de-Buffigny	182	279	— 97	— 34.76	1841	291	— 109	— 37.45
St-Martin-de-Boss..	401	225	+ 176	+ 78.22	»	»	»	»
TOTAUX....	17.595	9.093	+ 8.502	+ 93.50	»	»	»	»

eu des populations plus élevées que celles observées en
1911 : la diminution de population ne dépasse 40 °/₀ que
pour les deux communes, fort éloignées de toutes voies de
communication, de Saint-Nicolas et de Quincey; la majorité
des communes (neuf sur dix-sept), ne perdent que 20 à
30 °/₀.

c) CANTON DE ROMILLY-SUR-SEINE. — Le canton de
Romilly-sur-Seine, grâce à la prospérité de son chef-lieu,
voit sa population augmenter d'une façon régulière depuis
1831 et presque doubler, puisqu'elle passe de 9,093 habitants à 17,595, soit une augmentation de 8,502 habitants
ou de 93.50 °/₀. C'est là une merveilleuse oasis au milieu
du désert et nous devons donner les raisons de cette prospérité. Romilly-sur-Seine avait en 1831 une population
inférieure à celle de Nogent-sur-Seine ; mais dès 1841
elle surpasse Nogent de près de 500 habitants, et à
chaque recensement, surtout depuis 1881, elle voit sa
population s'accroître de 2,000 habitants par décade. Non
seulement Romilly devient un centre de bonneterie fort
important, mais la création des ateliers de construction et
de réparations des Chemins de fer de l'Est attire dans la
ville plusieurs milliers d'habitants. Comme dans toutes les
villes trop nouvelles, la vie et les logements sont très chers
à Romilly-sur-Seine et beaucoup de petits ouvriers des
ateliers, la veille encore manouvriers dans les communes
voisines, reviennent la journée finie à la maison familiale,
qu'ils auraient tant de peine à quitter. Cette dernière considération nous permet d'expliquer comment il peut se faire
que six communes de ce canton ont en 1911 une population plus élevée qu'en 1831 et même que quatre communes sur quatorze ont leur maximum de population à ce
dernier recensement. Pour les autres communes, trois

seulement perdent sur leur maximum plus de 30 °/₀ de leur population et Orvilliers accuse la diminution la plus sensible avec 39.68 °/₀.

d) CANTON DE VILLENAUXE-LA-GRANDE. — Le canton de Villenauxe ne comprend que sept communes; placé à l'extrémité Nord-Est du département, il forme une sorte d'enclave entre les départements de la Marne et de la Seine-et-Marne et est essentiellement agricole. Quoique peu importantes, toutes les communes de ce canton ont des diminutions sur le recensement de 1831, et la différence la plus forte est observée pour la Saulsotte, qui perd 272 habitants sur le recensement de 1831 et 317 sur celui de 1841, soit dans le premier cas 31.33 °/₀ de sa population et 35.10 °/₀ dans le second.

En résumé, onze communes sur soixante que compte l'arrondissement de Nogent-sur-Seine ont en 1911 une population supérieure à celle de 1831, et six, dont quatre dans le canton de Romilly-sur-Seine, ont atteint leur maximum au dernier recensement de 1911.

Nous allons récapituler dans le tableau de la page suivante les variations observées pour les quatre cantons de l'arrondissement de Nogent-sur-Seine.

(Voir le tableau page suivante.)

Bien que nous ayions observé un nombre assez grand de communes plutôt prospères, le tableau ci-contre a encore bien des taches noires : Dix communes, soit 1/6 du nombre total, perdent plus de 40 °/₀ de leur population ; vingt autres subissent des pertes comprises entre 30 et 40 °/₀, ce qui fait que trente communes de l'arrondissement, soit exactement la moitié, ont perdu plus de 30 °/₀ de leur population.

Par rapport au recensement de 1831, six communes

CANTONS	Nombre de communes	Augmentation	DIMINUTION					
			— 10 %	10 à 20 %	20 à 30 %	30 à 40 %	40 à 50 %	+ 50 %
Comparaison entre les recensements de 1911 et de 1831								
Marcilly-le-Hayer	22	3	3	1	3	8	3	1
Nogent-sur-Seine	17	2	2	5	3	3	1	1
Romilly-sr-Seine	14	6	3	3	»	2	»	»
Villenauxe	7	»	1	1	4	1	»	»
Totaux	60	11	9	10	10	14	4	2
Comparaison entre le recensement de 1911 et les populations maxima des communes								
Marcilly-le-Hayer	22	1	»	»	5	8	6	2
Nogent-sur-Seine	17	1	»	1	9	4	1	1
Romilly-sr-Seine	14	4	1	6	»	3	»	»
Villenauxe.....	7	»	»	1	1	5	»	»
Totaux	60	6	1	8	15	20	7	3

seulement avaient perdu plus de 40 % de leur population, et quatorze autres de 30 à 40 %, ce qui donne vingt communes ayant perdu plus de 30 % de leur population.

5° Arrondissement de Troyes.

(Voir tableaux et graphiques pages suivantes.)

a) CANTON D'AIX-EN-OTHE. — L'important canton d'Aix-en-Othe, le plus boisé du département, forme une grande partie de la forêt d'Othe; région peu agricole en raison de la difficulté des travaux de culture, pays pittoresque et accidenté, les habitants ont été obligés de chercher dans l'industrie un supplément de ressources appréciable. De là est née l'industrie de la bonneterie et du tissage, fort répandue dans la plupart des communes de ce canton; cependant, le tissage et les métiers à main ont subi une terrible concurrence au fur et à mesure que se développaient les importantes usines de Troyes et de Romilly-sur-Seine.

Canton d'Aix-en-Othe

COMMUNES	1911	1901	1891	1881	1871	1861	1851	1841	1831
Aix-en-Othe......	2.523	2.646	3.041	2.906	2.779	2.623	2.405	2.067	1.826
Bérulles	482	569	656	746	827	861	896	810	782
Maraye-en-Othe....	665	772	852	931	1.025	1.109	1 140	1 199	1.188
Nogent-en-Othe	94	134	127	134	152	176	179	207	211
Paisy-Cosdon.......	364	397	467	503	517	510	515	530	451
Rigny-le-Ferron	794	852	1.042	1.115	1.195	1.241	1.244	1.246	1.226
St-Benoit-sur-Vanne .	330	384	430	504	555	549	396	382	310
Saint-Mards-en-Othe.	1.094	1.202	1.343	1.469	1.633	1.618	1.743	1.798	1.595
Villemoiron	411	380	421	505	540	569	560	532	484
Vulaines	242	240	264	287	314	301	294	255	253
Totaux	6.999	7.576	8.643	9.100	9.539	9.557	9.372	9 026	8.326

COMMUNES	Recens' de 1911	Variations de la population entre 1831 et 1911			Variations entre la populatⁿ maximum de la commune et le recens^t de 1911			
		Recens' de 1831	Différence totale	Différence °/₀	Année du recens'	Popula-tion	Différence totale	Différence °/₀
Aix-en-Othe	2.523	1.826	+ 697	+ 38.17	1891	3.041	— 518	— 17.03
Bérulles	482	782	— 300	— 38.36	1851	896	— 414	— 46.20
Maraye-en-Othe ...	665	1.188	— 523	— 44.02	1841	1.199	— 534	— 44 53
Nogent-en-Othe ...	94	211	— 117	— 55.45	1831	211	— 117	— 55.45
Paisy-Cosdon	364	451	— 87	— 19.29	1841	530	— 166	— 31.32
Rigny-le-Ferron...	794	1.226	— 432	— 35.23	1841	1.246	— 452	— 36.27
St-Benoit-sur-Seine.	330	310	+ 20	+ 6.45	1871	555	— 225	— 40.54
Saint-Mards-en-Othe	1.094	1.595	— 501	— 31.41	1841	1.798	— 704	— 39.15
Villemoiron.......	411	484	— 73	— 15.08	1861	569	— 158	— 27.76
Vulaines	242	253	— 11	— 4.35	1871	314	— 72	— 22.93
Totaux....	6.999	8.326	— 1.327	— 15.93	1861	9.557	— 2.558	— 26.76

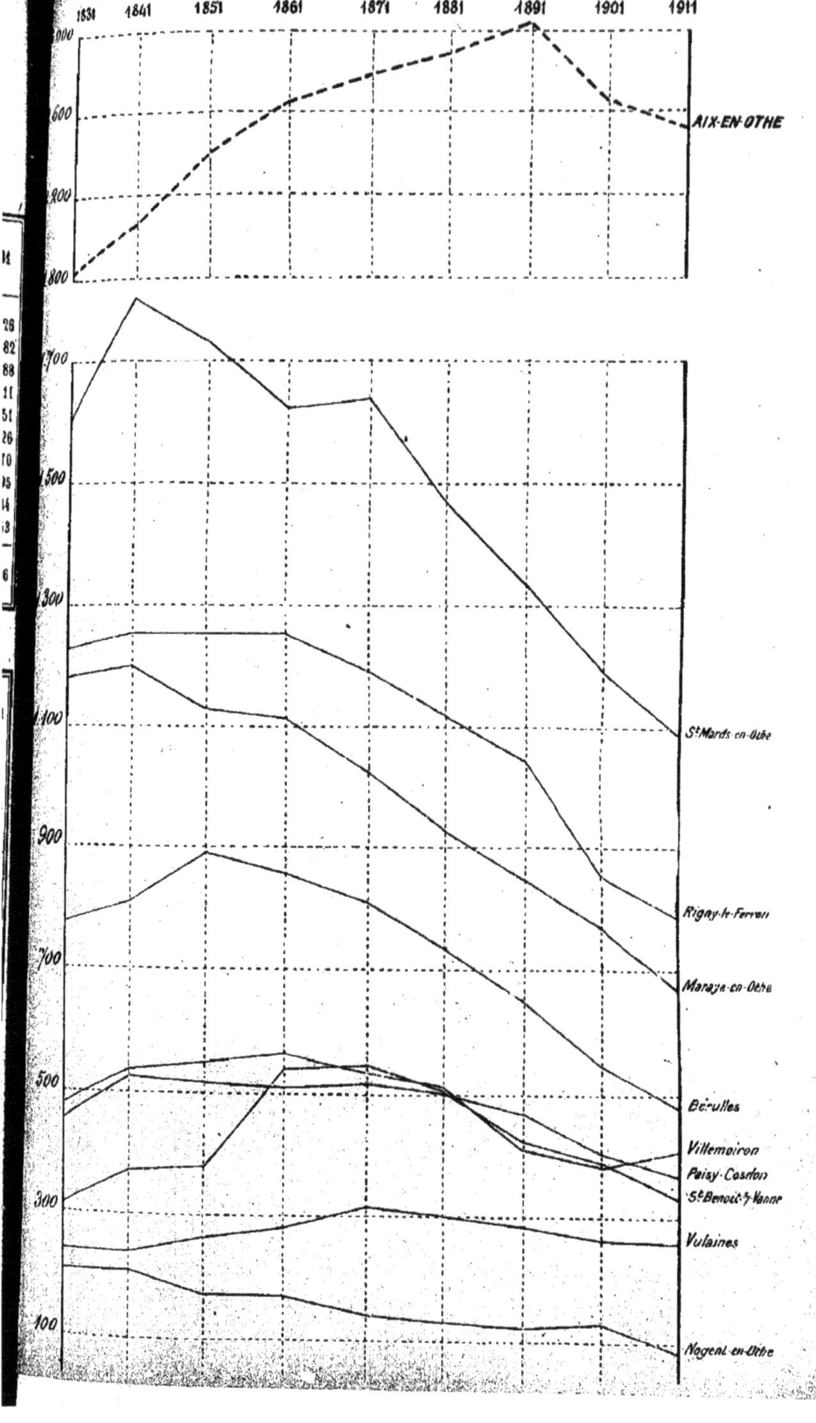

1831 1841 1851 1861 1871 1881 1891 1901 1911
AIX-EN-OTHE
St Mards-en-Othe
Rigny-le-Ferron
Maraye-en-Othe
Bérulles
Villemoiron
Paisy-Cosdon
St Benoît-ſy-Vanne
Vulaines
Nogent-en-Othe

Canton de Bouilly

COMMUNES	1911	1901	1891	1881	1871	1861	1851	1841	1831
Assenay	59	77	93	100	107	138	148	152	151
Bordes (les)	199	183	212	241	270	306	279	237	231
Bouilly	520	593	705	754	767	807	850	819	826
Buchères..........	422	429	426	490	508	552	653	618	556
Cormost.	165	196	251	237	254	291	337	312	310
Crésantignes.......	275	320	382	427	442	493	512	513	495
Fays.............	151	171	179	187	220	232	293	277	281
Isle-Aumont	118	149	154	142	158	187	165	174	165
Javernant	167	205	214	203	232	259	276	291	276
Jeugny	400	418	390	389	400	445	506	472	497
Lirey	133	150	162	187	240	235	272	261	258
Longeville	87	86	105	132	144	151	154	171	187
Mâchy............	118	156	156	172	198	215	216	201	184
Maupas (les)	89	106	136	138	153	180	172	156	156
Montceaux.........	214	267	292	285	335	373	412	384	344
Moussey	265	274	288	289	320	346	384	369	355
Prunay-Saint-Jean ..	28	38	39	37	43	52	58	70	75
Roncenay	76	89	118	93	91	93	104	107	103
St-Jean-de-Bonneval.	275	272	289	331	348	348	396	374	395
St-Léger-près-Troyes	277	262	284	284	300	349	400	421	438
Saint-Pouange	143	154	170	190	202	202	220	240	213
Saint-Thibault	261	317	342	385	382	416	435	456	386
Sommeval.........	309	307	330	323	317	363	352	331	343
Souligny..........	221	238	275	247	311	364	403	406	399
Vendue-Mignot (la) .	200	258	249	314	340	383	371	380	315
Villemereuil.......	173	199	222	211	243	282	298	299	295
Villery...........	176	211	244	234	284	288	300	272	269
Villy-le-Bois	43	40	51	47	74	75	74	72	96
Villy-le-Maréchal....	116	114	137	160	168	193	221	217	216
TOTAUX.....	5.680	6.279	6.895	7.229	7.851	8.618	9.261	9.052	8.818

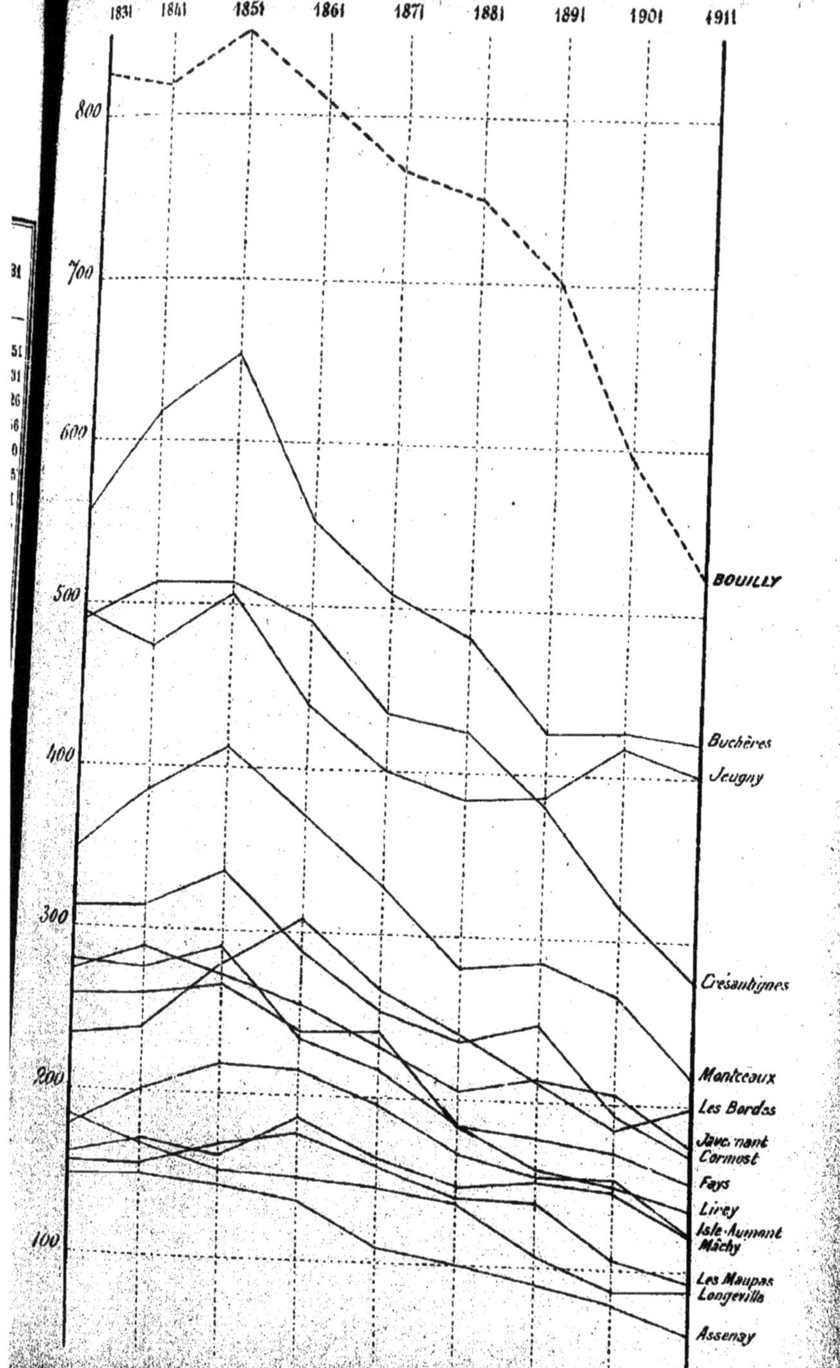

1831 1841 1851 1861 1871 1881 1891 1901 1911
800
700
600
500
400
300
200
100
BOUILLY
Buchères
Jeugny
Crésantignes
Montceaux
Les Bordes
Javernant
Cormost
Fays
Lirey
Isle-Aumont
Mâchy
Les Maupas
Longeville
Assenay

Canton de Bouilly

COMMUNES	Recens' de 1911	Variations de la population entre 1831 et 1911			Variations entre la populat" maximum de la commune et le recens' de 1911			
		Recens' de 1831	Différence totale	Différence %	Année du recens'	Population	Différence totale	Différence %
Assenay	59	151	— 92	— 60.92	1841	152	— 93	— 61.18
Bordes (les)	199	231	— 32	— 13.85	1861	306	— 107	— 31.96
Bouilly	520	826	— 306	— 37.04	1851	850	— 330	— 38.82
Buchères..........	422	556	— 134	— 24.10	1851	653	— 231	— 35.37
Cormost	165	310	— 145	— 46.77	1851	337	— 172	— 51.04
Crésantignes	275	495	— 220	— 44.44	1841	513	— 238	— 46.39
Fays	151	281	— 130	— 46.26	1851	293	— 142	— 48.45
Isle-Aumont	118	165	— 47	— 28.48	1861	187	— 69	— 36.89
Javernant	167	276	— 109	— 39.49	1841	291	— 124	— 42.61
Jeugny	400	497	— 97	— 19.52	1851	506	— 106	— 20.95
Lirey	133	258	— 125	— 48.45	1851	272	— 139	— 51.10
Longeville........	87	187	— 100	— 53.47	1831	187	— 100	— 53.47
Machy	118	184	— 66	— 35.87	1851	216	— 98	— 45.37
Maupas (les)	89	156	— 67	— 42.95	1861	180	— 91	— 50.55
Montceaux........	214	344	— 130	— 37.78	1851	412	— 198	— 48.06
Moussey	265	355	— 90	— 25.35	1851	384	— 119	— 30.98
Prunay-Saint-Jean .	28	75	— 47	— 62.66	1831	75	— 47	— 62.66
Roncenay	76	103	— 27	— 26.21	1891	118	— 42	— 35.59
St-Jean-de-Bonneval	275	395	— 120	— 30.37	1831	395	— 120	— 30.37
St-Léger-pr.-Troyes	277	438	— 161	— 36.76	1831	438	— 161	— 36.76
Saint-Pouange.....	143	213	— 70	— 32.86	1841	240	— 97	— 40.42
Saint-Thibault	261	386	— 125	— 32.38	1841	456	— 195	— 42.76
Sommeval	309	343	— 34	— 9.91	1861	363	— 54	— 14.87
Souligny	221	399	— 178	— 44.61	1841	406	— 185	— 45.81
Venaue-Mignot (la).	200	315	— 115	— 36.51	1861	383	— 183	— 47.78
Villemereuil	173	295	— 122	— 41.35	1841	299	— 126	— 42.14
Villery	176	269	— 93	— 34.57	1851	300	— 124	— 41.33
Villy-le-Bois......	43	96	— 53	— 55.21	1831	96	— 53	— 55.21
Villy-le-Maréchal ..	116	216	— 100	— 46.29	1851	221	— 105	— 47.51
TOTAUX....	5.680	8.818	— 3.138	— 35.59	1851	9.261	— 3.581	— 38.67

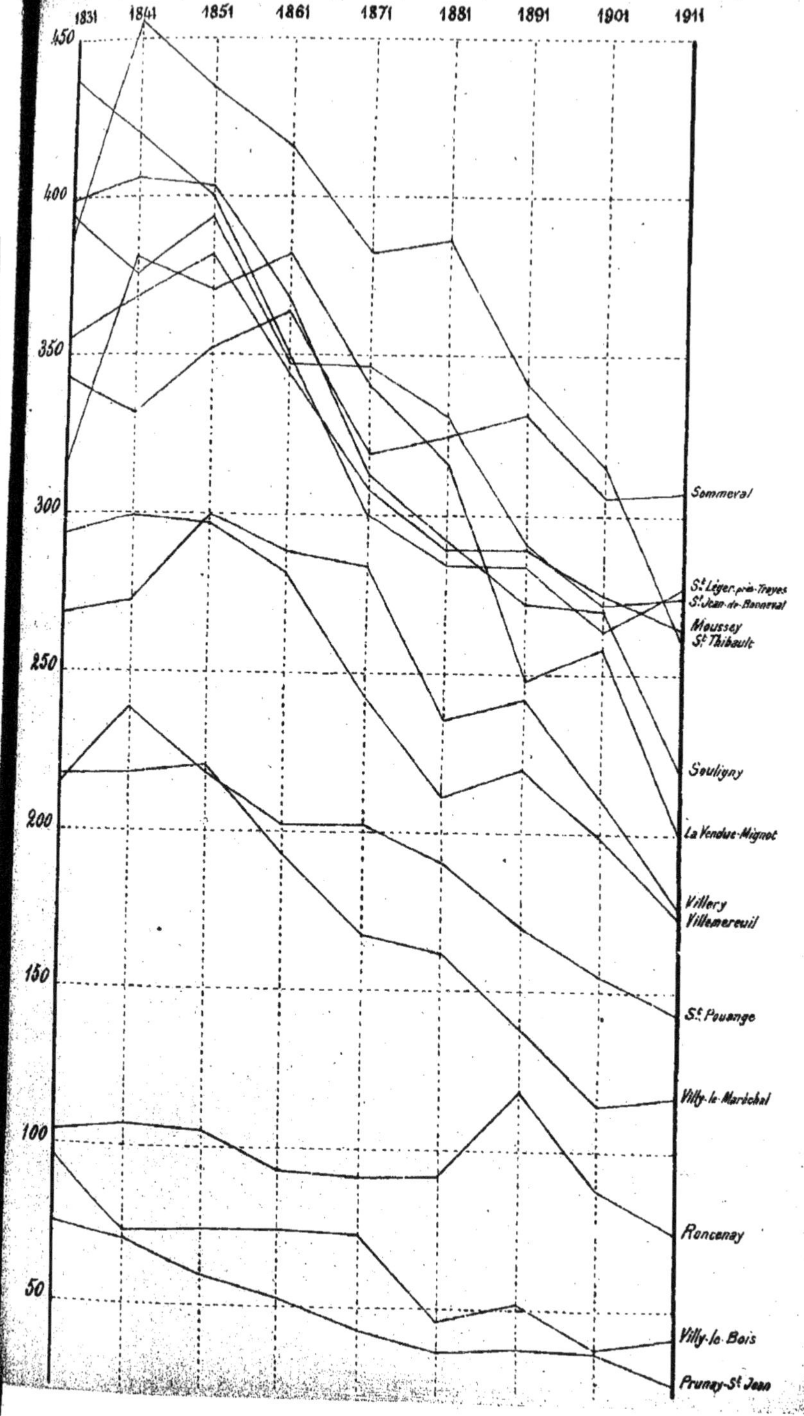

1831
1841
1851
1861
1871
1881
1891
1901
1911
450
400
350
300
250
200
150
100
50
Sommeval
St Léger-près-Troyes
St Jean-de-Bonneval
Moussey
St Thibault
Souligny
La Vendue-Mignot
Villery
Villemereuil
St Pouange
Villy-le-Maréchal
Roncenay
Villy-le-Bois
Prunay-St Jean

Canton d'Ervy

COMMUNES	1911	1901	1891	1881	1871	1861	1851	1841	1831
Auxon	1.115	1.137	1.359	1.403	1.502	1.589	1.719	2.507	2.400
Chamoy	519	531	661	636	678	770	866	890	1.007
Chessy	785	892	1.025	1.090	1.215	1.222	1.315	1.297	1.212
Coursan...........	177	188	235	245	274	316	353	351	375
Courtaoult.........	171	170	216	224	242	251	310	324	348
Croûtes (les)	202	242	260	261	247	246	284	271	287
Davrey	331	330	363	390	391	420	446	487	439
Eaux-Puiseaux......	404	491	595	654	692	755	825	»	»
Ervy	1.376	1.400	1.956	1.617	1.648	1.658	1.858	1.711	1.821
Marolles-s²-Lignières	461	476	510	562	602	563	625	526	502
Montfey	250	290	322	326	396	418	446	505	570
Montigny	314	331	417	436	504	521	576	566	570
Racines	294	319	391	406	424	437	528	537	577
Saint-Phal.........	514	495	594	506	520	564	654	663	714
Villeneuve-au-Chemin	331	345	383	400	397	420	437	437	397
Vosnon	339	398	443	528	575	635	708	738	774
TOTAUX	7.583	8.035	9.730	9.684	10.307	10.785	11.950	11.810	11.993

COMMUNES	Recens' de 1911	Variations de la population entre 1831 et 1911			Variations entre la populatⁿ maximum de la commune et le recens' de 1911			
		Recens' de 1831	Différence totale	Différence °/₀	Année du recens'	Population	Différence totale	Différence °/₀
Auxon...........	1.115	1.719[1]	— 604	— 35.13	1851	1.719	— 604	— 35.13
Chamoy...........	519	1.007	— 488	— 48.46	1831	1.007	— 488	— 48.46
Chessy	785	1.212	— 437	— 36.05	1851	1.315	— 530	— 40.30
Coursan	177	375	— 198	— 52.80	1831	375	— 198	— 52.80
Courtaoult.........	171	348	— 177	— 50.86	1831	348	— 177	— 50.86
Croûtes (les)......	202	287	— 85	— 29.61	1831	287	— 85	— 29.61
Davrey	331	439	— 108	— 24.60	1841	487	— 156	— 32.03
Eaux-Puiseaux	404	825[1]	— 421	— 51.03	1851	825	— 421	— 51.03
Ervy	1.376	1.821	— 445	— 24.43	1891	1.956	— 580	— 29.65
Marolles-s²-Lignières	461	502	— 41	— 8.16	1851	625	— 164	— 26.24
Montfey...........	250	570	— 320	— 56.14	1831	570	— 320	— 56.14
Montigny.........	314	570	— 256	— 44.91	1851	576	— 262	— 45.48
Racines	294	577	— 283	— 49.04	1831	577	— 283	— 49.04
Saint-Phal	514	714	— 200	— 28.01	1831	714	— 200	— 28.01
Villeneuve-au-Chⁿ .	331	397	— 66	— 16.62	1841	437	— 106	— 24.25
Vosnon	339	774	— 435	— 56.20	1831	774	— 435	— 56.20
TOTAUX....	7.583	11.993	— 4.410	— 36.79	1831	11.993	— 4.410	— 36.79

(1) Recensement de 1851.

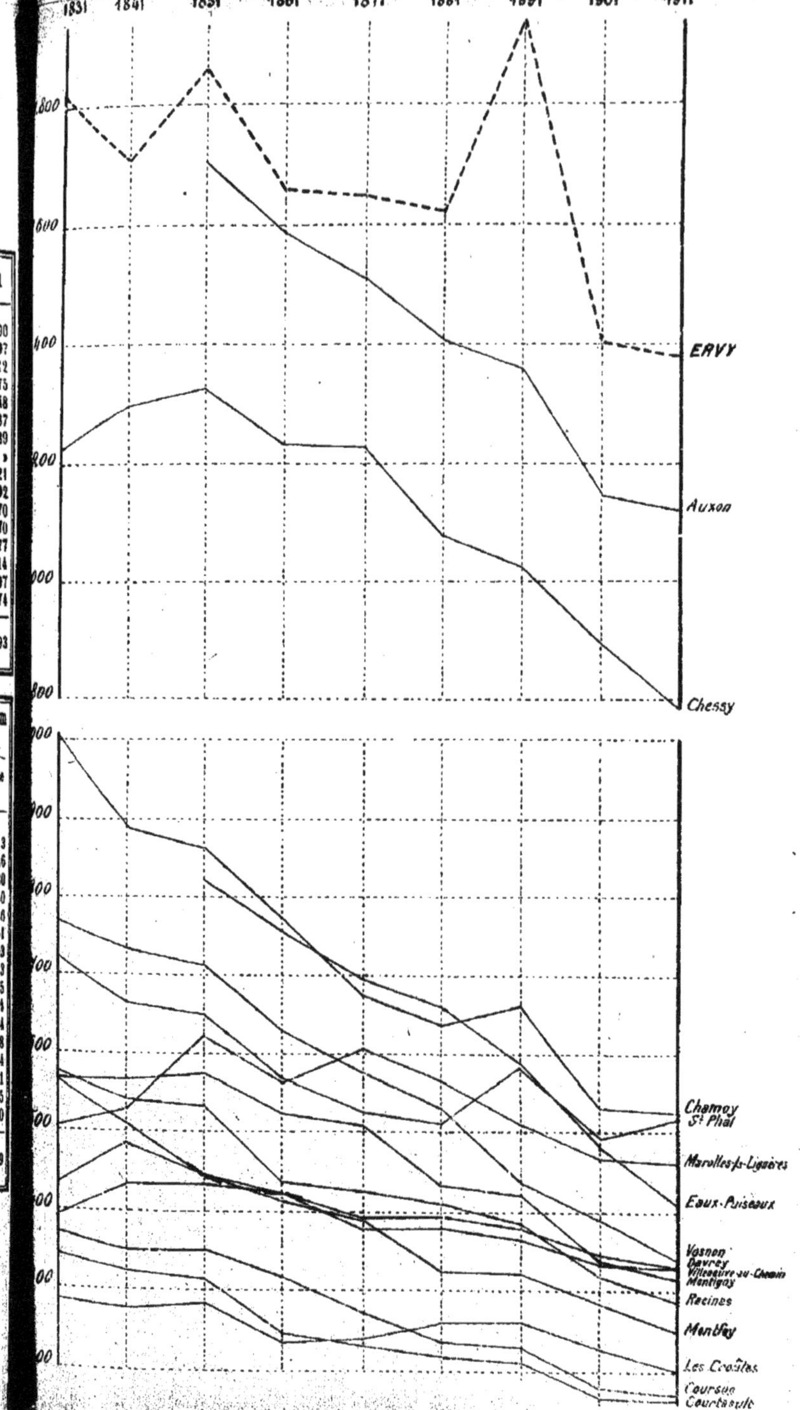

1831
1841
1851
1861
1871
1881
1891
1901
1911
ERVY
Auxon
Chessy
Chamoy
St Phal
Marolles-ls-Lignères
Eaux-Puiseaux
Vosnon
Davrey
Villeneuve-su-Chemin
Montigny
Racines
Montfey
Les Croûtes
Coursan
Courtaoult

Canton d'Estissac

COMMUNES	1911	1901	1891	1881	1871	1861	1851	1841	1831
Bercenay-en-Othe...	383	452	473	544	606	649	633	622	538
Bucey-en-Othe.....	335	363	400	405	449	479	456	486	484
Chennegy.........	512	622	754	878	1.002	1.044	1.041	970	934
Estissac.........	1.905	1.969	1.991	1.965	1.893	1.909	1.738	1.629	1.537
Fontvannes........	279	287	317	349	329	357	343	368	360
Messon...........	285	315	349	383	419	435	441	411	407
Neuville-sur-Vanne..	401	419	428	464	500	499	498	551	469
Prugny...........	157	191	189	196	212	236	257	245	225
Vauchassis........	490	548	667	760	798	884	852	816	796
Villemaur.........	649	720	864	927	912	877	843	801	651
Totaux....	5.396	5.886	6.432	6.871	7.120	7.369	7.105	6.899	6.401

COMMUNES	Recens' de 1911	Variations de la population entre 1831 et 1911			Variations entre la populatⁿ maximum de la commune et le recens' de 1911			
		Recens' de 1831	Différence totale	Différence %	Année du recens'	Population	Différence totale	Différence %
Bercenay-en-Othe..	383	538	— 155	— 28.81	1861	649	— 266	— 40.98
Bucey-en-Othe	335	484	— 149	— 30.78	1841	486	— 151	— 31.07
Chennegy	512	934	— 422	— 45.18	1861	1.044	— 532	— 50.95
Estissac	1.905	1.537	+ 368	+ 23.94	1891	1.991	— 86	— 4.32
Fontvannes	279	360	— 81	— 22.50	1841	368	— 89	— 24.18
Messon	285	407	— 122	— 29.97	1851	444	— 159	— 35.81
Neuville-sur-Vanne.	401	469	— 68	— 14.49	1871	500	— 99	— 19.80
Prugny..........	157	225	— 68	— 30.22	1851	257	— 100	— 38.91
Vauchassis........	490	796	— 306	— 38.15	1861	884	— 394	— 41.57
Villemaur	649	651	— 2	— 0.31	1881	927	— 278	— 29.97
Totaux....	5.396	6.401	— 1.005	— 15.70	1861	7.369	— 1.973	— 26.77

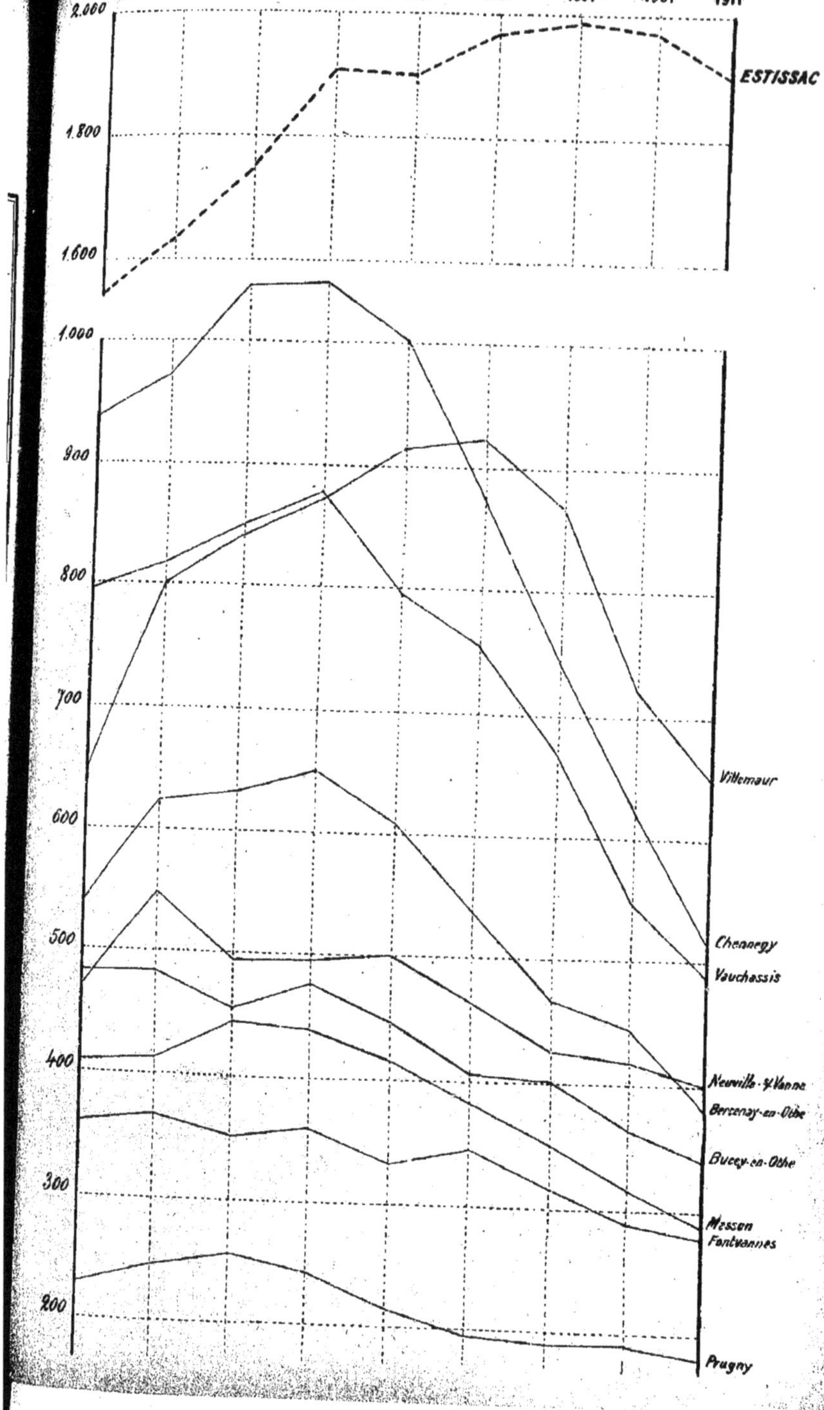

2.000
1.800
1.600
1.000
900
800
700
600
500
400
300
200
1831
1841
1851
1861
1871
1881
1891
1901
1911
ESTISSAC
Villemaur
Chennegy
Vauchassis
Neuville-s/-Vanne
Bercenay-en-Othe
Bucey-en-Othe
Messon
Fontvannes
Prugny

Canton de Lusigny

COMMUNES	1911	1901	1891	1881	1871	1861	1851	1841	1831
Bouranton	226	241	254	287	305	348	369	346	290
Clérey	712	727	754	663	701	812	786	802	785
Courteranges	135	180	178	228	251	263	261	297	277
Fresnoy	264	279	326	346	401	388	433	456	445
Laubressel	285	300	339	339	390	400	450	459	497
Lusigny	993	1.046	1.108	1.068	1.171	1.146	1.104	1.105	1.068
Mesnil-Saint-Père	425	485	529	516	555	577	620	521	450
Montaulin	353	374	373	418	453	460	516	542	548
Montiéramey	466	477	504	497	564	641	728	713	697
Montreuil	337	364	404	427	488	530	536	502	477
Rouilly-Saint-Loup	273	277	334	318	349	386	360	376	457
Ruvigny	117	165	187	180	200	185	170	161	178
Thennelières	199	178	186	177	177	185	188	197	150
Verrières	356	347	366	404	457	450	506	525	574
Totaux	5.191	5.440	5.842	5.868	6.462	6.771	7.027	7.002	6.893

COMMUNES	Recens' de 1911	Variations de la population entre 1831 et 1911			Variations entre la populatⁿ maximum de la commune et le recens' de 1911			
		Recens' de 1831	Différence totale	Différence %	Année du recens'	Population	Différence totale	Différence %
Bouranton	226	290	— 64	— 22.07	1851	369	— 143	— 38.75
Clérey	712	785	— 73	— 9.29	1861	812	— 100	— 12.31
Courteranges	185	277	— 92	— 33.21	1841	297	— 112	— 37.74
Fresnoy	264	445	— 181	— 40.68	1841	456	— 192	— 42.10
Laubressel	285	497	— 212	— 42.66	1831	497	— 212	— 42.66
Lusigny	993	1.068	— 75	— 7.02	1871	1.171	— 178	— 15.20
Mesnil-Saint-Père	425	450	— 25	— 5.55	1851	620	— 195	— 31.45
Montaulin	353	548	— 195	— 35.58	1831	548	— 195	— 35.58
Montiéramey	466	697	— 231	— 33.14	1851	728	— 262	— 35.98
Montreuil	337	477	— 140	— 29.35	1851	536	— 199	— 37.12
Rouilly-Saint-Loup	273	457	— 184	— 40.26	1831	457	— 184	— 40.26
Ruvigny	117	178	— 61	— 34.27	1871	200	— 83	— 41.50
Thennelières	199	150	+ 49	+ 32.66	»	»	»	»
Verrières	356	574	— 218	— 37.98	1831	574	— 218	— 37.98
Totaux	5.191	6.893	— 1.702	— 24.69	1851	7.027	— 1.836	— 26.12

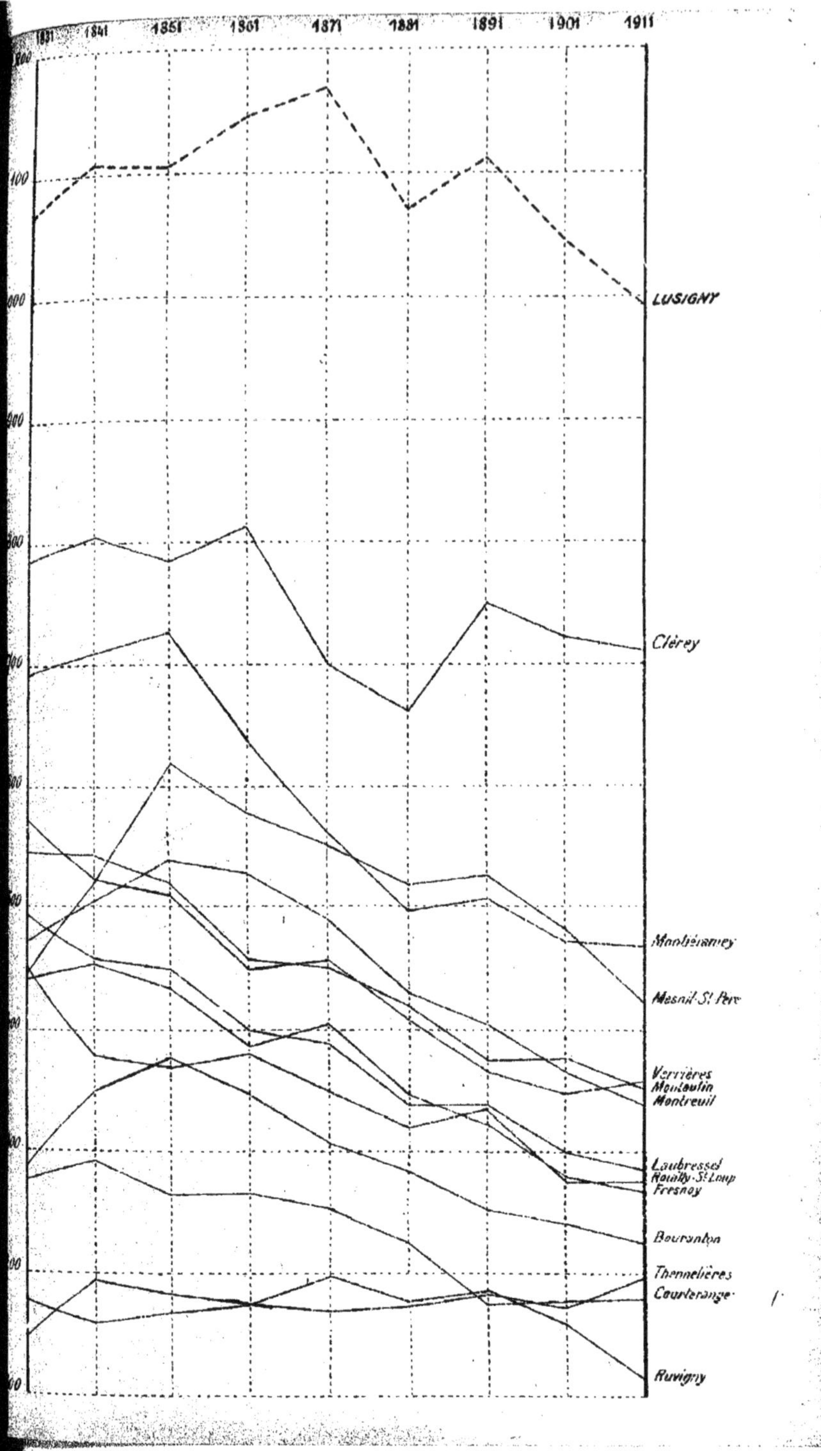

1831 1841 1851 1861 1871 1881 1891 1901 1911
LUSIGNY
Clérey
Montiéramey
Mesnil-St Père
Verrières
Montaulin
Montreuil
Laubressel
Rouilly-St Loup
Fresnoy
Bouranton
Thennelières
Courterange
Ruvigny

Canton de Piney

COMMUNES	1911	1901	1891	1881	1871	1861	1851	1841	1831
Assencières.........	62	78	91	101	112	112	127	139	138
Auzon............	198	219	220	269	264	325	333	313	309
Bouy-Luxembourg...	213	198	231	253	249	284	293	316	325
Brevonnes	663	733	787	776	829	792	876	840	810
Dosches..........	249	249	266	291	322	375	410	440	416
Géraudot	462	452	510	526	540	529	544	571	596
Luyères..........	196	219	198	220	230	246	270	305	306
Mesnil-Sellières....	312	332	344	404	429	432	469	449	405
Montangon	144	157	204	220	232	261	233	253	239
Onjon............	309	317	330	370	378	406	408	437	425
Piney	1.254	1.341	1.398	1.533	1.588	1.654	1.641	1.505	1.564
Rouilly-Sacey	318	324	345	351	348	360	459	460	415
Villehardouin	180	204	231	234	276	282	274	296	411
Totaux.....	4.560	4.823	5.155	5.548	5.797	6.058	6.367	6.305	6.359

COMMUNES	Recens' de 1911	Variations de la population entre 1831 et 1911			Variations entre la populatⁿ maximum de la commune et le recens' de 1911			
		Recens' de 1831	Différence totale	Différence %	Année du recens'	Population	Différence totale	Différence %
Assencières......	62	138	— 76	— 55.07	1841	139	— 77	— 55.39
Auzon..........	198	309	— 111	— 35.92	1851	333	— 135	— 40.57
Bouy-Luxembourg	213	325	— 112	— 34.77	1831	325	— 112	— 34.77
Brevonnes.......	663	810	— 147	— 18.14	1851	876	— 213	— 24.31
Dosche-.........	249	416	— 167	— 40.14	1841	440	— 191	— 43.11
Géraudot........	462	596	— 134	— 22.48	1831	596	— 134	— 22.48
Luyères.........	196	306	— 110	— 35.94	1831	306	— 110	— 35.94
Mesnil-Sellières....	312	405	— 93	— 22.96	1851	469	— 157	— 33.47
Montangon	144	239	— 95	— 39.75	1861	261	— 117	— 44.82
Onjon..........	309	425	— 116	— 27.29	1841	437	— 128	— 29.19
Piney	1.254	1.564	— 310	— 19.18	1861	1.654	— 400	— 24.18
Rouilly-Sacey ...	318	415	— 97	— 23.37	1841	460	— 142	— 30.87
Villehardouin	180	411	— 231	— 56.20	1831	411	— 231	— 56.20
Totaux....	4.560	6.359	— 1.799	— 28.29	1851	6.367	— 1.807	— 28.38

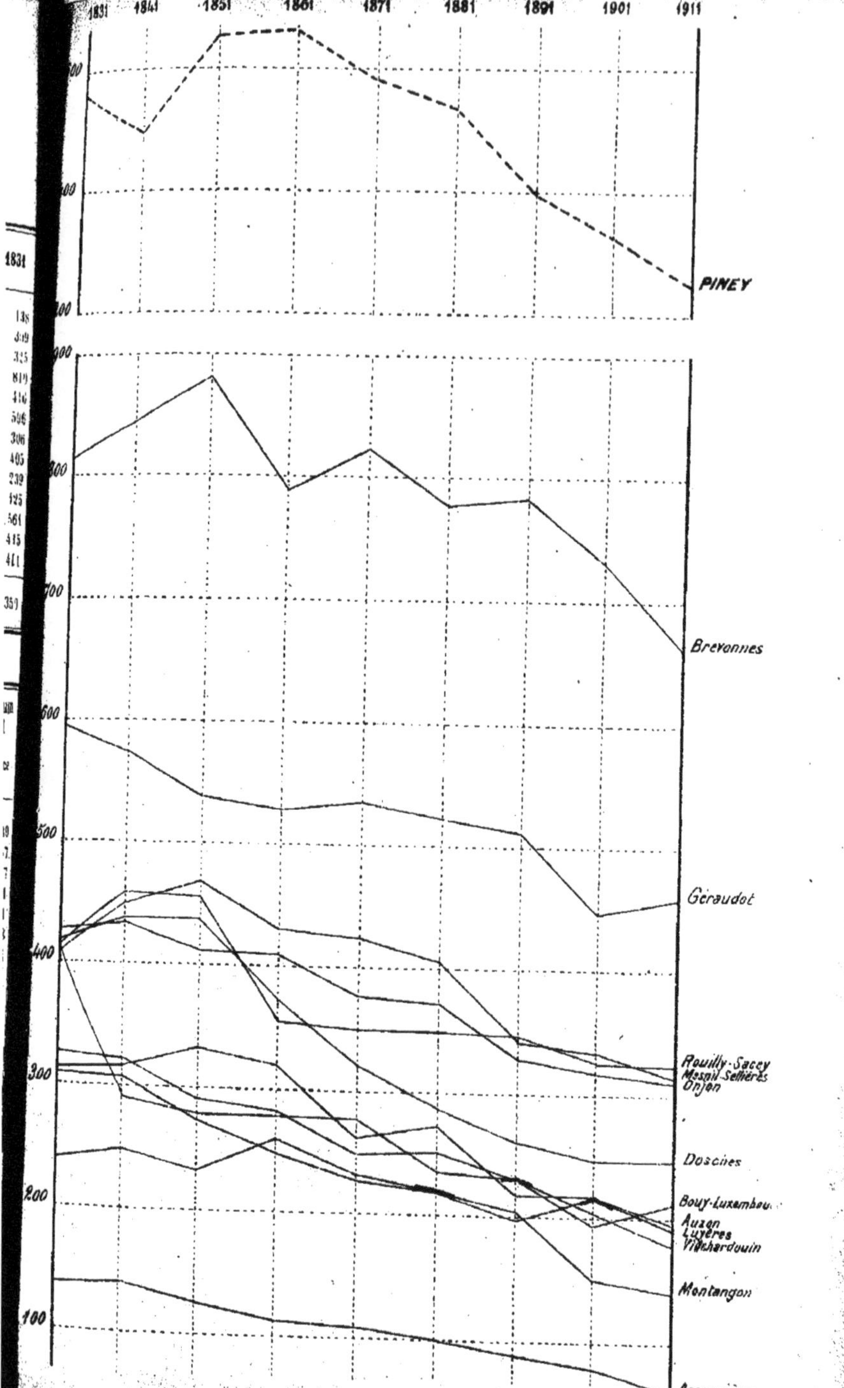

1831 1841 1851 1861 1871 1881 1891 1901 1911
PINEY
Brevonnes
Géraudot
Rouilly-Sacey
Mesnil-Sellières
Onjon
Dosches
Bouy-Luxembou
Auzon
Luyères
Villechardouin
Montangon
Assencières

1ᵉʳ Canton de Troyes

COMMUNES	1911	1901	1891	1881	1871	1861	1851	1841	1831
Creney	403	405	406	414	440	453	479	522	475
Lavau	170	170	179	209	201	237	225	211	259
Mergey	425	461	485	536	579	620	606	569	579
Pont-Sainte-Marie	704	585	610	611	559	632	639	667	660
St-Benoît-sur-Seine	254	271	265	283	311	302	303	297	268
Sainte-Maure	481	517	509	579	636	696	734	691	691
St-Parres-aux-Tertr.	581	576	580	620	643	693	678	647	584
Vailly	180	179	208	236	242	253	479	306	292
Villacerf	352	377	377	401	422	441	422	396	418
Villechétif	291	328	347	390	415	472	473	457	386
Totaux	3.841	3.869	3.964	4.279	4.448	4.799	4.838	4.796	4.612

COMMUNES	Recens' de 1911	Variations de la population entre 1831 et 1911			Variations entre la populatⁿ maximum de la commune et le recens' de 1911			
		Recens' de 1831	Différence totale	Différence %	Année du recens'	Population	Différence totale	Différence %
Creney	403	475	— 72	— 15.16	1841	522	— 119	— 22.79
Lavau	170	259	— 89	— 34.36	1831	259	— 89	— 34.36
Mergey	425	579	— 154	— 26.59	1861	620	— 195	— 31.45
Pont-Sainte-Marie	704	660	+ 44	+ 6.66	»	»	»	»
St-Benoît-sur-Seine	254	268	— 14	— 5.22	1871	311	— 57	— 18.32
Sainte-Maure	481	691	— 210	— 30.39	1851	734	— 253	— 34.47
St-Parres-aux-Tert.	581	584	— 3	— 0.51	1861	693	— 112	— 16.16
Vailly	180	292	— 112	— 38 35	1841	306	— 126	— 41.17
Villacerf	352	418	— 66	— 15.79	1861	441	— 89	— 20.18
Villechétif	291	386	— 95	— 24.61	1851	473	— 182	— 38.47
Totaux	3.841	4.612	— 771	— 16.72	1851	4.838	— 997	— 20.61

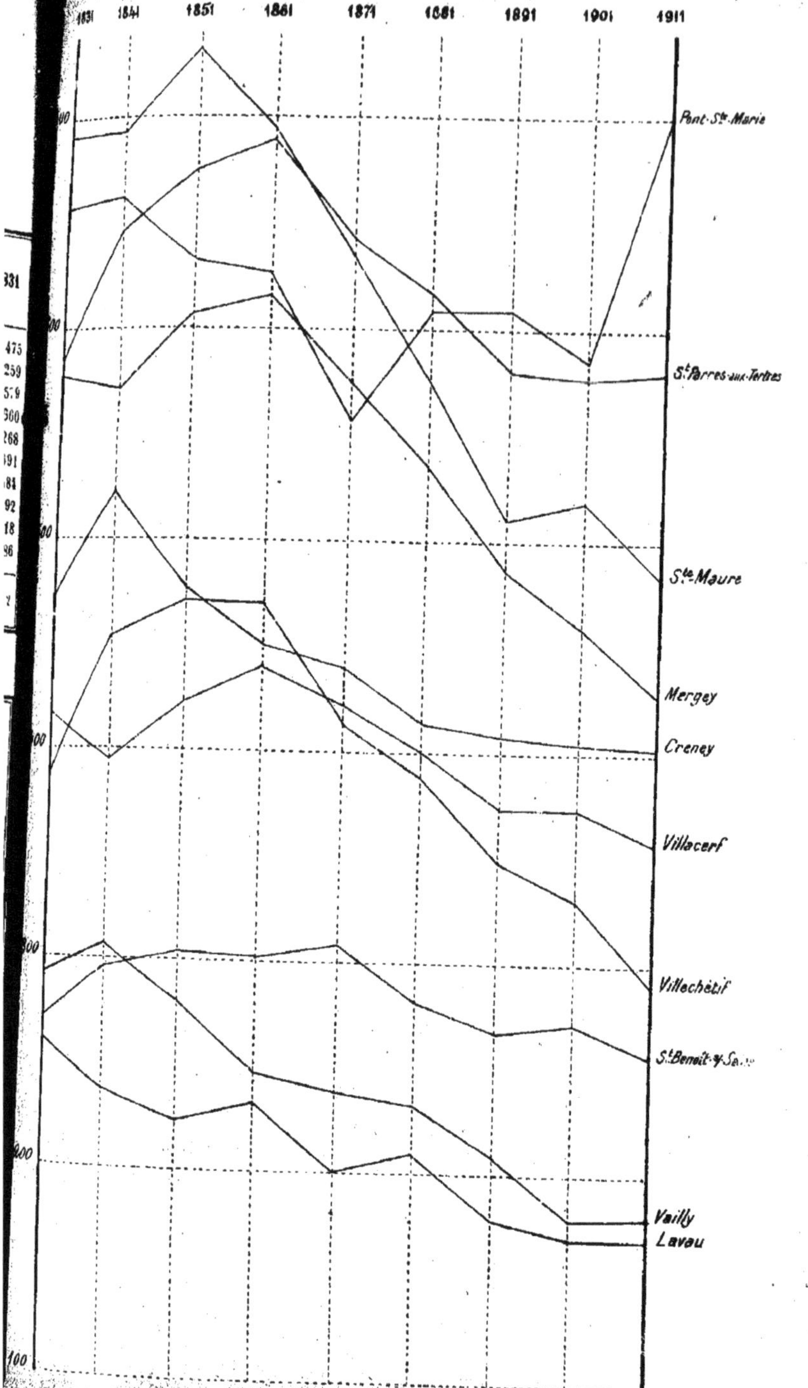

1831 1841 1851 1861 1871 1881 1891 1901 1911
Pont-Ste-Marie
Stes-Parres-aux-Tertres
Ste-Maure
Mergey
Creney
Villacerf
Villechétif
St-Benoit-y-Sa...
Vailly
Lavau

2ᵉ Canton de Troyes

COMMUNES	1911	1901	1891	1881	1871	1861	1851	1841	1831
Barberey.	298	292	271	325	313	339	456	410	328
Chapelle-Sᵗ-Luc (la) .	1 117	881	588	569	402	383	409	373	348
Macey.	257	266	308	333	378	427	420	421	421
Montgueux	260	317	329	335	351	393	400	424	351
Noës (les)	225	216	201	177	192	215	240	267	279
Pavillon (le)	185	216	219	256	280	244	240	265	256
Payns.	598	639	681	686	695	659	662	583	573
Rivière-de-Corps (la)	281	311	289	294	307	352	369	370	331
Saint-Lyé	776	782	808	815	911	902	969	937	908
Sainte-Savine	6.848	6.114	5.253	3.802	1.920	1.326	1.103	946	739
Torvilliers	327	361	379	357	396	400	415	441	439
Villeloup.	116	146	211	236	250	279	294	311	289
Totaux	11.288	10.541	9.537	8.185	6.397	6.039	5.977	5.748	5.265

COMMUNES	Recensᵗ de 1911	Variations de la population entre 1831 et 1911			Variations entre la populatⁿ maximum de la commune et le recensᵗ de 1911			
		Recensᵗ de 1831	Différence totale	Différence %	Année du recensᵗ	Population	Différence totale	Différence %
Barberey	298	328	— 30	— 9.14	1851	456	— 158	— 34.65
Chapelle-Saint-Luc .	1.117	348	+ 769	+ 220.97	»	»	»	»
Macey	257	421	— 164	— 38.95	1861	427	— 170	— 39.81
Montgueux	260	354	— 94	— 26.55	1861	424	— 174	— 38.68
Noës (les)	225	279	— 54	— 19.31	1831	279	— 54	— 19.31
Pavillon (le)	185	256	— 71	— 27.73	1841	265	— 80	— 30.19
Payns	598	573	+ 25	+ 4.36	1871	695	— 97	— 13.95
Rivière-de-Corps (la)	281	331	— 50	— 15.10	1841	370	— 89	— 24.05
Saint-Lyé	776	908	— 132	— 14.09	1861	992	— 216	— 21.77
Sainte-Savine.	6.848	739	+ 6.109	+ 825.30	»	»	»	»
Torvilliers	327	439	— 112	— 25.51	1841	441	— 114	— 25.85
Villeloup	116	289	— 173	— 59.86	1841	311	— 195	— 62.70
Totaux . . .	11.288	5.265	+ 6.023	+ 114.39	»	»	»	»

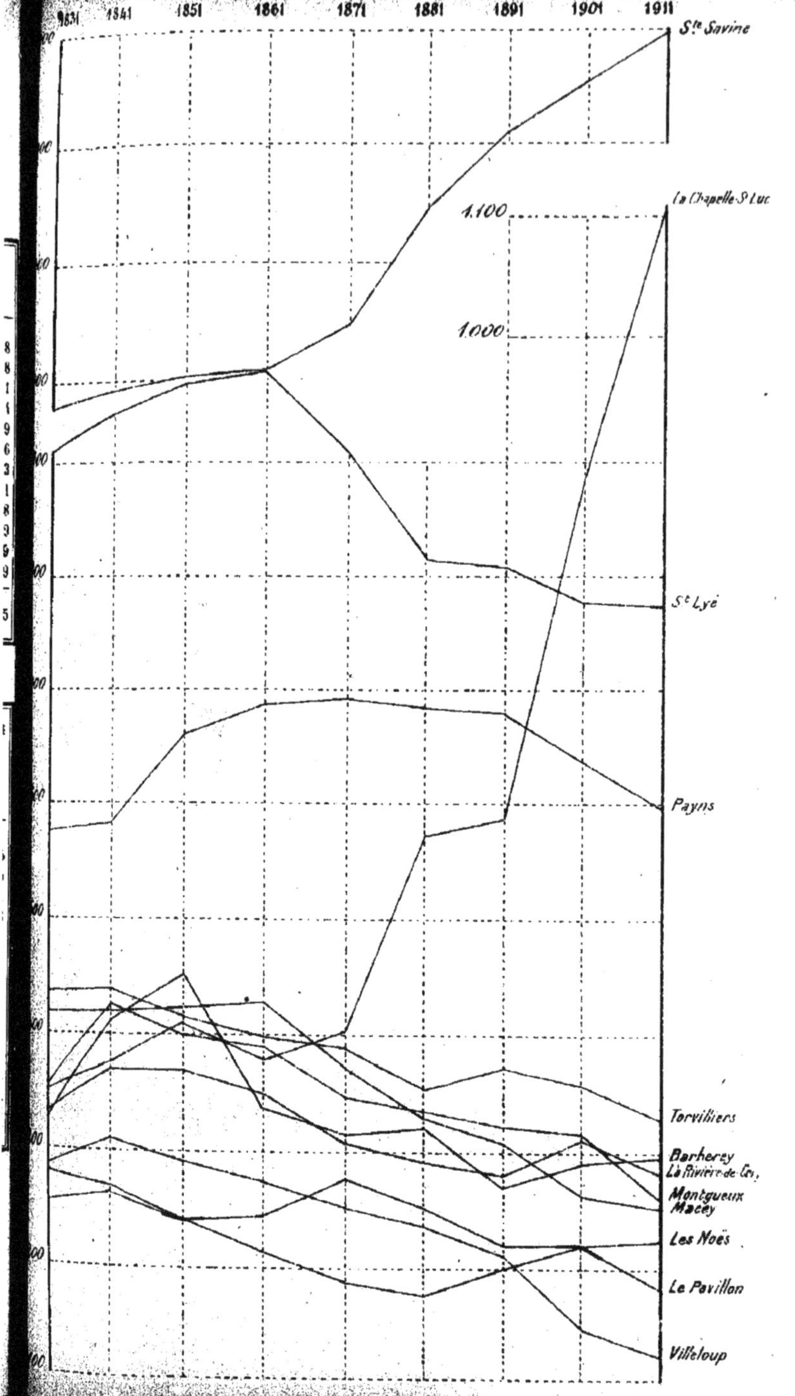

1831
1841
1851
1861
1871
1881
1891
1901
1911
Ste Savine
La Chapelle-St Luc
1.100
1.000
St Lyé
Payns
Torvilliers
Barberey
La Rivière-de-Cs.
Montgueux
Macey
Les Noës
Le Pavillon
Villeloup

3ᵉ Canton de Troyes

COMMUNES	1911	1901	1891	1881	1871	1861	1851	1841	1831
Bréviandes	522	513	579	533	564	568	641	664	583
Laines aux-Bois	360	362	425	483	517	571	635	657	672
Rosières	200	176	202	228	250	250	296	349	311
Saint-André	1.796	1.840	1.489	1.197	822	754	820	811	784
Saint-Germain	424	449	480	519	545	566	635	630	609
Saint-Julien	1.431	1.326	1.283	975	718	618	552	503	410
Toraux.	4.733	4.666	4.458	3.935	3.416	3.327	3.579	3 614	3.369

	1911	1901	1891	1881	1871	1861	1851	1841	1831
Ville de Troyes .	55.486	53.146	50.330	46.067	38.113	34.613	27.376	25.469	23.740

COMMUNES	Recens' de 1911	Variations de la population entre 1831 et 1911			Variations entre la populatⁿ maximum de la commune et le recens' de 1911			
		Recens' de 1831	Différence totale	Différence %	Année du recens'	Population	Différence totale	Différence %
Bréviandes	522	583	— 61	— 10.46	1841	664	— 142	— 21.45
Laines-aux-Bois . . .	360	672	— 312	— 46.43	1831	672	— 312	— 46.43
Rosières	200	311	— 111	— 35.50	1841	349	— 149	— 42.69
Saint-André	1.796	784	+ 1.012	+ 129.08	1901	1.840	— 44	— 2.39
Saint-Germain.	424	609	— 185	— 30.38	1851	635	— 211	— 33.23
Saint-Julien	1.431	410	+ 1.021	+ 249.07	»	»	»	»
Toraux. . . .	4.733	3.369	+ 1.364	+ 40.48	»	»	»	»

	Recens' de 1911	Recens' de 1831	Différence totale	Différence %	Année du recens'	Population	Différence totale	Différence %
Ville de Troyes .	55.486	23.740	+ 31.746	+ 133.71	»	»	»	»

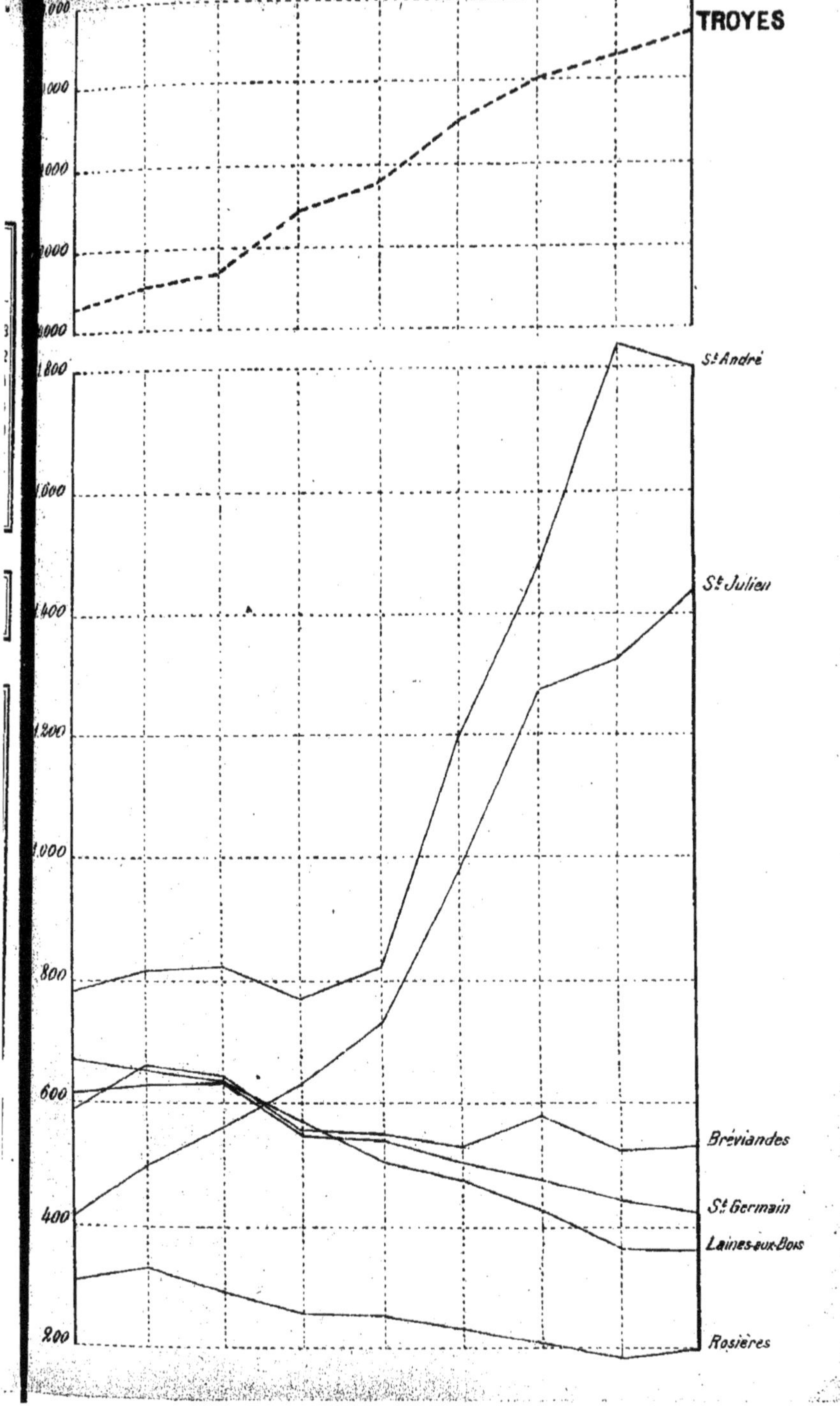

1831 1841 1851 1861 1871 1881 1891 1901 1911
4.000
3.000
2.000
1.000
TROYES
1.800
1.600
1.400
1.200
1.000
800
600
400
200
St André
St Julien
Bréviandes
St Germain
Laines-aux-Bois
Rosières

Cette considération nous permet d'expliquer que seules les deux communes d'Aix-en-Othe et de Saint-Benoît-sur-Vanne ont, en 1911, une population supérieure à celle de 1831, mais les huit autres communes subissent des pertes sensibles, puisque la petite commune de Nogent-en-Othe, perdue au milieu de la forêt d'Othe, diminue de plus de 55 %, durant cette période de quatre-vingts ans. Pas une seule commune, pas même le chef-lieu, centre industriel et commerçant, n'arrive à progresser, et quatre communes perdent plus de 40 % par rapport à leur population maximum.

b) CANTON DE BOUILLY. — Région humide de l'infra-crétacé au sud-est principalement, pays de prairies et de pâturages, couvert de bosquets et de vergers, le canton de Bouilly est surtout peuplé d'ouvriers agricoles possédant quelques parcelles de terre dont le produit les nourrit, ainsi que leur famille. Et ces maisons éparses se sont groupées pour former de nombreuses, mais lilliputiennes républiques : les vingt-neuf communes de ce canton comptaient 5.600 habitants en 1911 ! Six communes, en comptant Prunay-Saint-Jean, aujourd'hui rattaché à Saint-Jean-de-Bonneval, ont moins de 100 habitants et le chef-lieu dépasse à peine 500.

Mais pour toutes, la dépopulation est extrêmement rapide : la maison de famille, bâtie en briques et bois, couverte souvent en chaume, tombe un jour en ruines, et tous profitent de la circonstance pour quitter le foyer natal, attirés par l'attrait que Troyes, la grande tentatrice, exerce sur chacun d'eux. Pour sept communes, la diminution de population dépasse 50 % et le maximum est atteint par Prunay-Saint-Jean avec 62.66 %.

c) CANTON D'ERVY. — Canton voisin du précédent, mais

combien différent; arrosé par la rivière de l'Armance, il a dans ses parties les plus basses de magnifiques prairies qui nourrissent de nombreux troupeaux et donnent d'excellents foins; région fertile au centre, produisant en abondance les fourrages et les grains; limité au Nord-Ouest par les derniers contreforts de la forêt d'Othe, il possédait même vers le Nord de riches coteaux produisant des vins renommés. Il semblait que la prospérité eût dû régner dans cette heureuse région, mais le phylloxéra a détruit les vignobles et la construction de la ligne de Troyes à Saint-Florentin a tué les marchés et les foires importantes d'Ervy et de Saint-Phal. Aussi le vigneron, l'ouvrier agricole, petit manouvrier chassé par l'introduction des machines agricoles, ont quitté une région dont les gains étaient trop incertains, et sont partis sans espoir de retour.

Toutes les communes diminuent d'importance et pour neuf d'entre elles, neuf sur seize, la diminution de population dépasse 40 %, avec un maximum de 56.20 pour Vosnon, pittoresque commune de la forêt d'Othe.

d) CANTON D'ESTISSAC.—Ce canton forme la limite septentrionale de la forêt d'Othe, région de cultures, pauvre en vignes et en prairies; il voit sa population diminuer de moins sensible façon. Si nous comparons les recensements de 1831 et de 1911, nous observons que sur dix communes, une, le chef-lieu, augmente de 23.97 %, une autre, Villemaur, reste stationnaire, tandis que les autres baissent de plus en plus, pour arriver à un maximum de 45.18 % avec Chennegy.

Mais pas une seule commune n'atteint son maximum en 1911, et c'est encore l'importante commune de Chennegy qui subit la perte la plus sensible, puisqu'elle passe de 1.044 habitants en 1861 à 512 en 1911, soit 50.95 % de diminution en 50 ans!

e) CANTON DE LUSIGNY. — Le canton de Lusigny est surtout un pays d'élevage, en raison de ses nombreuses et belles prairies, traversé dans sa plus grande longueur par la Barse, limité du Sud-Est au Nord-Ouest par la Seine ; il donne d'excellents produits de laiterie qui sont expédiés sur Troyes. Malgré cette situation privilégiée, des quatorze communes qui le composent, une seule, Thennelières, a une population plus forte en 1911 qu'en 1831 et atteint même son maximum de population en 1911. Toutes les autres ont subi des pertes, parfois sensibles, puisque par rapport au maximum de population, elles dépassent 30 °/₀ pour onze d'entre elles ; huit communes seulement accusaient aussi une sensible diminution de population en comparant les recensements de 1911 et de 1831.

f) CANTON DE PINEY. — Canton très boisé au Sud-Est (Forêt du Grand-Orient), agricole dans la majeure partie, il participe à la fois des régions crétacées de l'arrondissement d'Arcis et des régions humides de l'uifra crétacé. N'ayant aucune industrie spéciale, le canton de Piney voit sa population diminuer d'une façon constante et rapide depuis 1831 ; Sept communes sur treize ont, en 1911, perdu plus de 30 °/₀ de leur population de 1831 ; et neuf sur treize ont diminué de la même quantité par rapport à leur population maximum ; Villehardouin et Assencières subissent les plus lourdes pertes avec 56.20 et 55.39 °/₀.

g) 1ᵉʳ CANTON DE TROYES. — Malgré la proximité de la ville de Troyes, l'attrait que procure le voisinage d'une grande ville, une seule commune sur dix, Pont-Sainte-Marie, voit sa population augmenter et atteindre son chiffre le plus élevé en 1911, toutes les autres diminuent et d'une façon assez sensible puisque Vailly perd 41.17 °/₀ de sa population de 1841 et Vailly est à moins de 10 kilomètres de Troyes !

h) 2° CANTON DE TROYES. — Comme pour le 1ᵉʳ canton, nous avons déduit du chiffre de la population la portion de la ville de Troyes comprise dans ce canton et il nous reste douze communes dont la prospérité est excessivement variable. La Chapelle-Saint-Luc, en raison de la création du Dépôt des Machines de la Compagnie des Chemins de Fer de l'Est, voit sa population passer de 348 habitants en 1831 à 588 en 1891 et, vingt ans après, à 1.117 habitants en 1911 ; Sainte-Savine, située aux portes de Troyes, ayant grâce au tramway tous les avantages sans avoir les inconvénients de sa grande voisine, voit sa population s'accroître avec une merveilleuse rapidité : petite commune de 739 habitants en 1831, elle atteint 3.802 habitants en 1881, double encore de population et dépasse 6.800 habitants en 1911, donnant un accroissement prodigieux de 825.30 °/₀ par rapport à sa population de 1831.

Toutes les autres communes du canton et parfois d'une façon assez sensible puisque quatre perdent plus de 30 °/₀ par rapport à leur population maximum et une autre, Villeloup, diminue de 62.70 °/₀ par rapport au recensement de 1841.

i) 3° CANTON DE TROYES. — Le 3° canton de Troyes forme une étroite bande de territoire étranglée entre les cantons de Bouilly, d'Estissac et de Troyes (2° canton) et ne comprend que six communes. Deux de ces communes, Saint-André et Saint-Julien voient leur population s'accroître dans de grandes proportions et atteindre 1.796 et 1.431 habitants en 1911 ; Saint-Julien seul atteint son maximum à ce dernier recensement, la population de Saint-André étant plus élevée en 1901 qu'en 1911. Ainsi des communes avoisinant le plus Troyes, Sainte-Savine, Saint-André et Saint-Julien, toutes trois situées à l'ouest de la ville, voient leur population s'accroître dans une énorme mesure ;

n'est-ce pas là d'ailleurs un exemple de la grande loi géographique qui veut que les villes s'étendent de l'est vers l'ouest ?

Les autres communes diminuent de population et cette diminution peut atteindre jusqu'à 46.43 °/₀ du recensement de 1841 pour Laines-aux-Bois.

Ville de Troyes. — La ville de Troyes mérite une étude toute spéciale, nous ne voulons pas remonter aux temps du Moyen-Age, où grâce à son importance, à ses foires, la capitale de la Champagne attirait de très nombreux commerçants et comptait jusqu'à 50.000 habitants. Mais rapidement cette prospérité diminue, et réunie au domaine royale, elle fut réduite à 15.000 habitants en très peu de temps.

Au recensement de 1831, Troyes compte 23.740 habitants et sa population ne fait que s'accroître depuis cette époque, puisqu'elle double de 1851 à 1911 et atteint à ce dernier recensement 55.486 habitants, formant une agglomération de 62.334 habitants en comptant la population de la ville contiguë de Saints-Savine.

Les raisons de cette prospérité sont trop connues (Industries de la bonneterie, de la soierie, de la métallurgie, des produits chimiques) pour que nous insistions sur ce sujet. La ville de Troyes est aujourd'hui une grande ville industrielle qui compte de 15 à 20.000 ouvriers et ouvrières et qui a attiré à elle une importante partie de la population rurale de nos campagnes.

En résumé, onze communes de l'arrondissement de Troyes, dont sept pour les trois cantons de Troyes, ont en 1911 une population supérieure à celle de 1831, mais six seulement atteignent leur maximum de population au recensement de 1911.

Récapitulons dans le tableau suivant les différentes constatations observées pour les neuf cantons de l'arrondissement de Troyes.

CANTONS	Nombre de communes	Augmentation	DIMINUTION					
			— 10 %	10 à 20 %	20 à 30 %	30 à 40 %	40 à 50 %	+ 50 %
Comparaison entre les recensements de 1911 et de 1831								
Aix-en-Othe.....	10	2	1	2	»	3	1	1
Bouilly.........	29¹	»	1	2	4	10	8	4
Ervy	16	»	1	1	4	2	3	5
Estissac	10	1	1	1	3	3	1	»
Lusigny	14	1	3	»	2	5	3	»
Piney	13	»	»	2	4	4	1	2
1er Cantⁿ de Troyes	10	1	2	2	2	3	»	»
2e id.	12	3	i	3	3	1	»	1
3e id. et Troyes	7	3	»	1	»	2	1	»
Totaux	121	11	10	14	22	33	18	13
Comparaison entre le recensement de 1911 et les populations maxima des communes								
Aix-en-Othe	10	»	»	1	2	3	3	1
Bouilly.........	29¹	»	»	1	1	8	12	7
Ervy...........	16	»	»	»	5	2	4	5
Estissac	10	»	1	1	2	3	2	1
Lusigny	14	1	»	2	»	7	4	»
Piney	13	»	»	»	4	4	3	2
1er Cantⁿ de Troyes	10	1	»	2	2	4	1	»
2e id.	12	2	»	2	3	4	»	1
3e id. et Troyes	7	2	1	»	1	1	2	»
Totaux	121	6	2	9	20	36	31	17

Même dans l'arrondissement chef-lieu du département, la dépopulation a fait de sérieux ravages; si nous comparons les recensements de 1911 et de 1831, nous observons que treize communes ont perdu plus de 50 °/₀ de leur population, dix-huit autres de 40 à 50 °/₀, ce qui donne trente-et-une communes, soit un quart du nombre total qui aient perdu plus de 40 °/₀.

(1) Y compris la commune de Prunay-Saint Jean supprimée depuis 1906.

Par rapport à la population la plus élevée atteinte par chaque commune et le recensement de 1911, la proportion est encore plus élevée puisque une commune sur sept perd plus de 50 °/₀ de sa population maximum, une sur quatre de 40 à 50 °/₀ et une sur trois de 30 à 40 °/₀ ; soit, en somme, que les 2/3 des communes de l'arrondissement de Troyes ont perdu plus de 30 °/₀ de leur population maximum. Ce chiffre n'est-il pas effrayant et ne dispense-t-il pas de tout commentaire ?

Il nous paraît intéressant de récapituler pour le département les mouvements de population observés dans chaque arrondissement :

(Voir le tableau page suivante)

a) COMPARAISON ENTRE LES RECENSEMENTS DE 1831 ET 1911. — Sur quatre cent quarante-six communes que comptait le département de l'Aube, quarante-et-une, soit 1/11 ont, en 1911, une population plus élevée qu'en 1831, mais ces augmentations sont excessivement variables puisque pour dix d'entre elles elles sont inférieures à 10 °/₀ ; comprises entre 10 et 20 °/₀ pour neuf autres ; entre 20 et 30 °/₀ pour quatre ; entre 30 et 50 °/₀ pour six ; entre 50 et 100 °/₀ pour trois ; elles ne sont vraiment importantes que pour neuf communes qui voient leur population varier entre 100 et 825.30 °/₀ (Sainte-Savine).

Les diminutions sont beaucoup plus sensibles : 1/6 seulement des communes perdent moins de 20 °/₀ de leur population de 1831, mais près de moitié perdent de 20 à 40 °/₀ et 1/3, soit cent vingt-neuf communes, subissent une diminution énorme de plus de 40 °/₀.

b) COMPARAISON ENTRE LA POPULATION MAXIMUM DES COMMUNES ET LA POPULATION EN 1911. — C'est au recensement de 1851 que le département de l'Aube atteint sa population la plus élevée, mais pour chacune des com-

ARRONDISSEMENTS	Nombre de communes	Augmentation	DIMINUTION					
			— 10 %	10 à 20 %	20 à 30 %	30 à 40 %	40 à 50 %	+ 50 %
Comparaison entre les recensements de 1911 et de 1831								
Arcis-sur-Aube ..	93	6	8	5	17	28	14	15
Bar-sur-Aube. . . .	88	9	3	8	14	28	18	8
Bar-sur-Seine . . .	84	4	2	3	12	26	25	12
Nogent-sur-Seine.	60	11	9	10	10	14	4	2
Troyes.	121	11	10	14	22	33	18	13
Totaux	446	41	32	40	75	129	79	50
Comparaison entre la population en 1911 et les populations maxima des communes								
Arcis-sur-Aube ..	93	2	2	5	20	26	21	17
Bar-sur-Aube. . . .	88	2	5	4	10	19	33	15
Bar-sur-Seine . . .	84	»	1	5	7	22	31	18
Nogent-sur-Seine.	60	6	1	8	15	20	7	3
Troyes.	121	6	2	9	20	36	31	17
Totaux	446	16	11	31	72	123	123	70

munes cette date est variable, bien que la plus grande
majorité ait atteint leur maximum vers cette époque.
D'autres avaient commencé leur mouvement de recul
dès 1831; quelques-unes plus récemment, grâce à des
cirsonstances particulières qui ont retardé, mais qui n'ont
pu arrêter cette diminution de la population.

C'est ainsi que seize communes seulement atteignent
leur maximum de population en 1911 et voient leur population s'accroître, par rapport au recensement de 1831 :
quatre de moins de 20 %; trois de 20 à 50 %; trois de
50 à 100 % et six, heureuses privilégiées, de plus de
100 %, avec un maximum de 825.30 % pour Sainte-
Savine.

Mais si nous comparons les chiffres de la population
en 1911 avec les chiffres maxima constatés au cours de
ces quatre-vingts dernières années, nous observons que
quarante-deux communes seulement, soit 1/10 à peine

du Département, perdent moins de 20 %, mais près de deux cents autres subissent une diminution déjà fort sensible de 20 à 40 % et le même nombre plus de 40 %. Ainsi, près de 44 % des communes du département de l'Aube ont perdu plus de 40 % de leur population.

Ce chiffre est encore supérieur à toutes les prévisions que nous pouvions envisager, surtout si l'on remarque en outre que dans ce nombre trente-cinq ont perdu plus de 50 % et douze plus de 60 % de leur population maximum et cela en moins de quatre-vingts années ! Avec cette rapidité effrayante de dépopulation, le département de l'Aube sera, dans peu de temps, un véritable désert, et les minuscules communes devront, comme Prunay-Saint-Jean, se réunir à leurs voisines et former de nouveaux groupements.

Résumons et classons par ordre de mérite ou de démérite les communes qui ont vu leur population atteindre à leur maximum en 1911 ou qui ont perdu plus de 55 % de leur population.

1ᵉ Augmentation de population

Nᵒˢ d'ordre	COMMUNES	Années du recensement		Augmentation	
		1911	1831	Totale	%
1	Sainte-Savine	6.848	739	6.109	825.30
2	Romilly-sur-Seine	11.652	3.117	8.535	273.82
3	Saint-Julien	1.431	410	1.021	249.07
4	La Chapelle-Saint-Luc	1.117	348	769	220.97
5	Bayel	1.517	619	898	147.07
6	Troyes	55.483	23.740	31.743	133.71
7	Marigny-le-Châtel	892	459	433	94.33
8	St-Martin-de-Bossenay	401	225	176	78.22
9	Mailly-le-Camp	1.124	684	443	64.76
10	Thennelières	199	150	49	32.66
11	Para-les-Romilly	302	233	69	29.61
12	Nogent-sur-Seine	3.976	3.277	699	21.33
13	Ossey-les-3-Maisons	373	312	61	19.55
14	Proverville	379	326	53	16.26
15	Arcis-sur-Aube	3.033	2.673	363	13.58
16	Pont-Sainte-Marie	704	660	44	6.66

2° Diminution de population

N° d'ordre	COMMUNES	Recensement de 1911	Recensement maximum		Diminution	
			Année	Population	Totale	°/₀
1	Ortillon............	32	1831	94	62	65.95
2	Bligny	305	1871	891	586	65.77
3	Villeret............	67	1831	190	123	64.73
4	Morembert.........	51	1841	142	91	64.08
5	Villeloup	116	1841	311	195	62.70
6	Prunay-Saint-Jean .	28	1831	75	47	62.66
7	Isle-sous-Ramerupt.	140	1831	372	232	62.36
8	Arconville	179	1851	469	290	61 84
9	Torcy-le-Petit.....	104	1851	258	154	61.24
10	Fravaux	72	1841	186	114	61.29
11	Assenay	59	1841	152	93	61.18
12	Poligny...........	60	1831	150	90	60
13	Riguy-la-Nonneuse .	155	1841	382	227	59.42
14	Romaines	45	1851	110	65	59.09
15	Arrelles	219	1831	531	312	58.76
16	Loge-aux-Chèvres .	122	1851	294	172	58.50
17	Thors............	87	1851	208	121	58.17
18	Spoy.............	371	1841	884	513	58.03
19	Bertignolles	137	1841	324	187	57.71
20	Chacenay	133	1831	314	181	57.64
21	Verpillières	248	1841	584	336	57.53
22	Courcelles........	38	1841	89	51	57.30
23	Quincey	105	1841	244	139	56.97
24	Chervey	356	1831	824	468	56.79
25	Cunfin	552	1851	1,247	695	55.73
26	Magnicourt.......	121	1831	277	156	56.32
27	Vosnon...........	339	1831	774	435	56 20
28	Montfey	250	1831	570	320	56.14
29	Praslin...........	118	1831	267	149	55.80
30	Blaincourt	134	1841	303	169	55.77
31	Champigny........	103	1831	232	129	55.60
32	Saint-Nabord	169	1831	380	211	55.53
33	Nogent-en-Othe ...	94	1831	211	117	55.45
34	Assencières	62	1841	139	77	55.39
35	Villy-le-Bois......	43	1831	96	53	55.21

Répartition de la population par cantons

(Voir tableaux et graphiques pages suivantes.)

Comparaison entre les recensements de 1831 et de 1911. — Vingt-trois cantons du Département sur vingt-

CANTONS	1911	1901	1891	1881	1871	1861	1851	1841	1831
Arcis-sur-Aube	8.826	8.242	8.830	9.446	9.694	10.178	10.276	10.406	10.101
Chavanges	3.644	3.816	4.175	4.516	4.699	5.067	5.315	5.351	5.414
Méry-sur-Seine	9.000	9.530	10.559	11.015	11.733	12.381	12.297	11.967	11.572
Ramerupt	5.214	5.750	6.389	6.802	7.331	8.138	8.476	8.729	9.005
TOTAUX	26.684	27.338	29.953	31.779	33.457	35.764	36.364	36.453	36.092
Bar-sur-Aube	14.508	15.175	15.883	16.980	16.756	17.602	17.999	17.429	14.539
Brienne-le-Château	7.471	7.828	8.464	8.910	9.657	10.491	10.687	10.384	10.530
Soulaines	4.113	4.495	5.087	5.463	5.883	6.233	6.441	6.185	5.860
Vendeuvre	6.109	6.559	7.122	7.492	8.347	9.390	9.220	8.636	8.189
TOTAUX	32.201	34.057	36.556	38.845	40.643	43.716	44.347	42.634	39.118
Bar-sur-Seine	9.180	9.795	10.468	10.683	11.060	11.735	12.459	11.982	11.502
Chaource	7.733	8.445	8.799	9.754	10.392	10.969	11.730	11.623	11.573
Essoyes	7.434	9.393	9.841	10.788	11.582	12.701	13.707	13.292	13.096
Mussy-sur-Seine	4.661	5.723	6.001	6.375	6.939	7.224	7.576	7.239	7.191
Riceys (les)	4.359	4.862	5.008	5.671	6.228	6.717	7 350	7.367	7.613
TOTAUX	33.567	38.218	39.849	43.271	46.201	49.346	52.822	51.503	50 975
Marcilly-le-Hayer	6.859	7.276	7.977	8.364	8.862	9.031	8.987	8.813	8.032
Nogent-sur-Seine	9.342	9.800	10.103	10.118	10.488	10.675	10.591	10.410	9.890
Romilly-sur-Seine	17.595	14.930	13.601	11.551	11.722	11.181	10.445	10.231	9.093
Villenauxe	4.031	4.283	4.650	4.632	4.864	5.136	5.188	5.331	5.000
TOTAUX	37.827	36.289	36.331	34.665	35.936	36 023	35.211	34.785	32.015
Aix-en-Othe	6.999	7.576	8.643	9.100	9.539	9.557	9.372	9.026	8.326
Bouilly	5.680	6.279	6.895	7.229	7.851	8.618	9.261	9.052	8.818
Ervy	7.583	8.035	9.730	9.684	10.307	10.785	11.950	11.810	11.993
Estissac	5.396	5.886	6.432	6.871	7 120	7.369	7.105	6.899	6.401
Lusigny	5.191	5.440	5.842	5.868	6.462	6.771	7.027	7.002	6.893
Piney	4.560	4.823	5.155	5.548	5.797	6 058	6.367	6.305	6.359
Troyes 1er Canton	3.841	3.869	3.964	4.279	4.448	4.799	4.838	4.796	4.612
Troyes 2e »	11.288	10.541	9.537	8.185	6.397	6.039	5.977	5.748	5.265
Troyes 3e »	4.733	4.666	4.458	3.935	3.416	3.327	3.579	3.614	3.369
Troyes Ville	55.486	53.146	50.330	46.067	38.113	34.613	27.376	25.469	23.740
TOTAUX	110.757	110.261	110.986	106.204	98.848	97.373	95.878	88.995	85.776

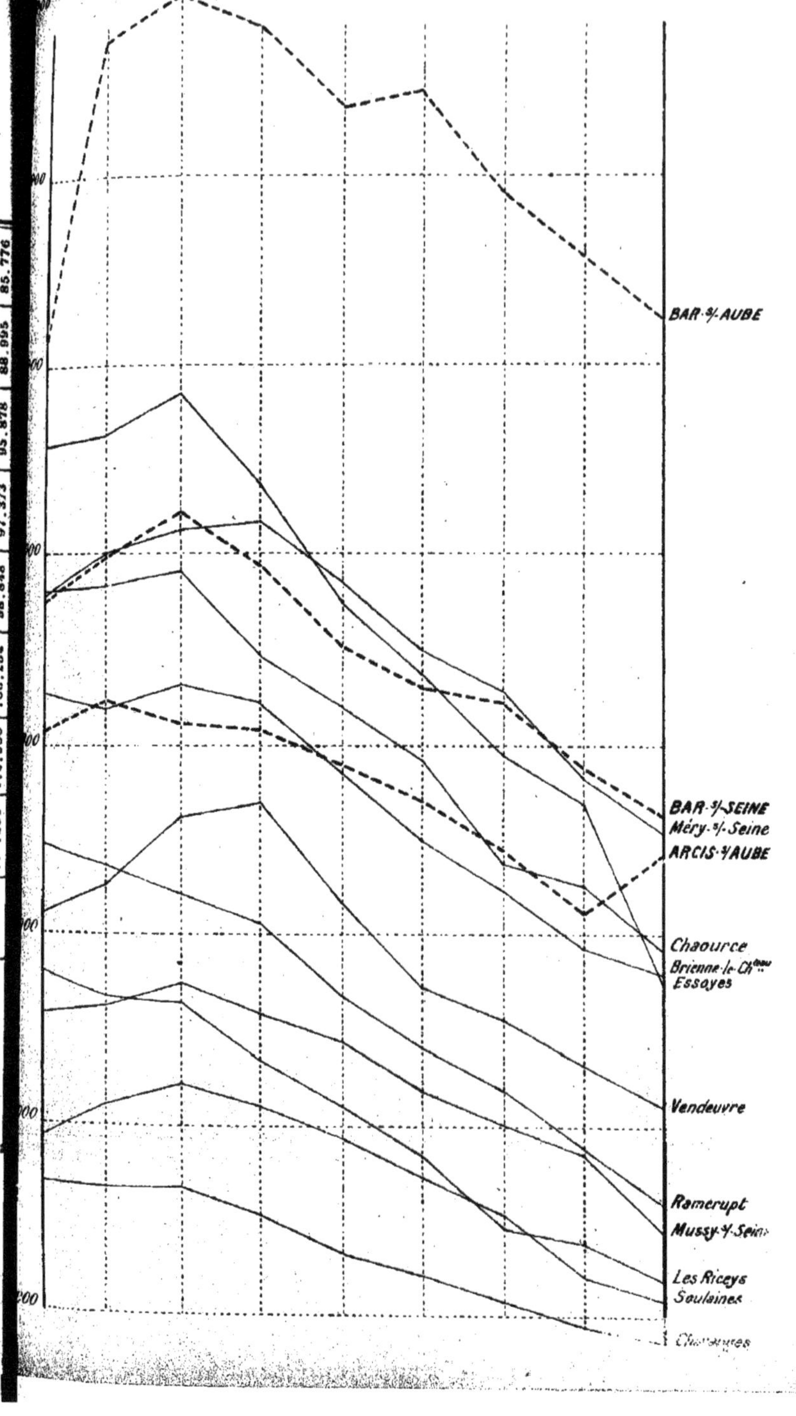
1831
1841
1851
1861
1871
1881
1891
1901
1911
BAR-S/-AUBE
BAR-S/-SEINE
Méry-s/-Seine
ARCIS-S/-AUBE
Chaource
Brienne-le-Ch.
Essoyes
Vendeuvre
Ramerupt
Mussy-s/-Seine
Les Riceys
Soulaines

CANTONS	Recens' de 1911	Variations de la population entre 1831 et 1911			Variations entre la populat⁰ maximum du canton et la population en 1911			
		Recens' de 1831	Différence totale	Différence %	Année du recens'	Popula-tion	Différence totale	Différence %
Arcis-sur-Aube ...	8.826	10.101	— 1.275	— 12.62	1841	10.406	— 1.580	— 15.
Chavanges	3.644	5.414	— 1.770	— 32.69	1831	5.414	— 1.770	— 32.
Méry-sur-Seine ...	9.000	11.572	— 2.572	— 22.23	1861	12.381	— 3.381	— 27.
Ramerupt........	5.214	9.005	— 3.791	— 42.09	1831	9.005	— 3.791	— 42.
Totaux....	26.684	36.092	— 9.408	— 26.06	1841	36.453	— 9.769	— 26.
Bar-sur-Aube	14.508	14.539	— 31	— 0.21	1851	17.999	— 3.491	— 19.
Brienne-le-Château.	7.471	10.530	— 3.059	— 29.05	1851	10.687	— 3.216	— 30.
Soulaines........	4.113	5.860	— 1.747	— 29.81	1851	6.441	— 2.328	— 36.
Vendeuvre	6.109	8.189	— 2.080	— 25.40	1861	9.390	— 3.281	— 34.
Totaux ...	32.201	39.118	— 7.917	— 24.24	1851	44.347	— 12.146	— 27.
Bar-sur-Seine.....	9.180	11.502	— 2.322	— 20.18	1851	12.459	— 3.279	— 26.
Chaource........	7.733	11.573	— 3.840	— 33.18	1851	11.730	— 3.997	— 34.
Essoyes	7.434	13.096	— 5.662	— 43.24	1851	13.707	— 6.273	— 45.
Mussy-sur-Seine...	4.861	7.191	— 2.330	— 32.40	1851	7.576	— 2.715	— 35.
Les Riceys.......	4.359	7.613	— 3.254	— 42.74	1831	7.613	— 3.254	— 42.
Totaux....	33.567	50.975	— 17.408	— 34.15	1851	52.822	— 19.255	— 36.
Marcilly-le-Hayer..	6.859	8.032	— 1.173	— 14.60	1861	9.031	— 2.172	— 24.
Nogent-sur-Seine .	9.342	9.890	— 548	— 5.54	1861	10.675	— 1.333	— 12.
Romilly-sur-Seine .	17.595	9.093	+ 8.502	+ 93.50	»	»	»	
Villenauxe	4.031	5.000	— 969	— 19.38	1841	5.331	— 1.300	— 24
Totaux....	37.827	32.015	+ 5.812	+ 18.15	»	»	»	
Aix-en-Othe......	6.999	8.326	— 1.327	— 15.93	1861	9.557	— 2.558	— 26.
Bouilly	5.680	8.818	— 3.138	— 35.59	1851	9.261	— 3.581	— 38.
Ervy............	7.583	11.993	— 4.410	— 36.79	1831	11.993	— 4.410	— 36.
Estissac	5.396	6.401	— 1.005	— 15.70	1861	7.369	— 1.973	— 26.
Lusigny	5.191	6.893	— 1.702	— 24.69	1851	7.027	— 1.836	— 26.
Piney	4.560	6.359	— 1.799	— 28.29	1851	6.367	— 1.807	— 28.
Troyes 1er Canton	3.841	4.612	— 771	— 16.72	1851	4.838	— 997	— 20.
Troyes 2e id.	11.288	5.265	+ 6.023	+ 114.39	»	»	»	
Troyes 3e id.	4.733	3.369	+ 1.364	+ 40.48	»	»	»	
Troyes Ville.....	55.486	23.740	+ 31.746	+ 133.71	»	»	»	
Totaux....	110.757	85.776	+ 24.981	+ 29.12	1891	110.986	— 229	— 0.

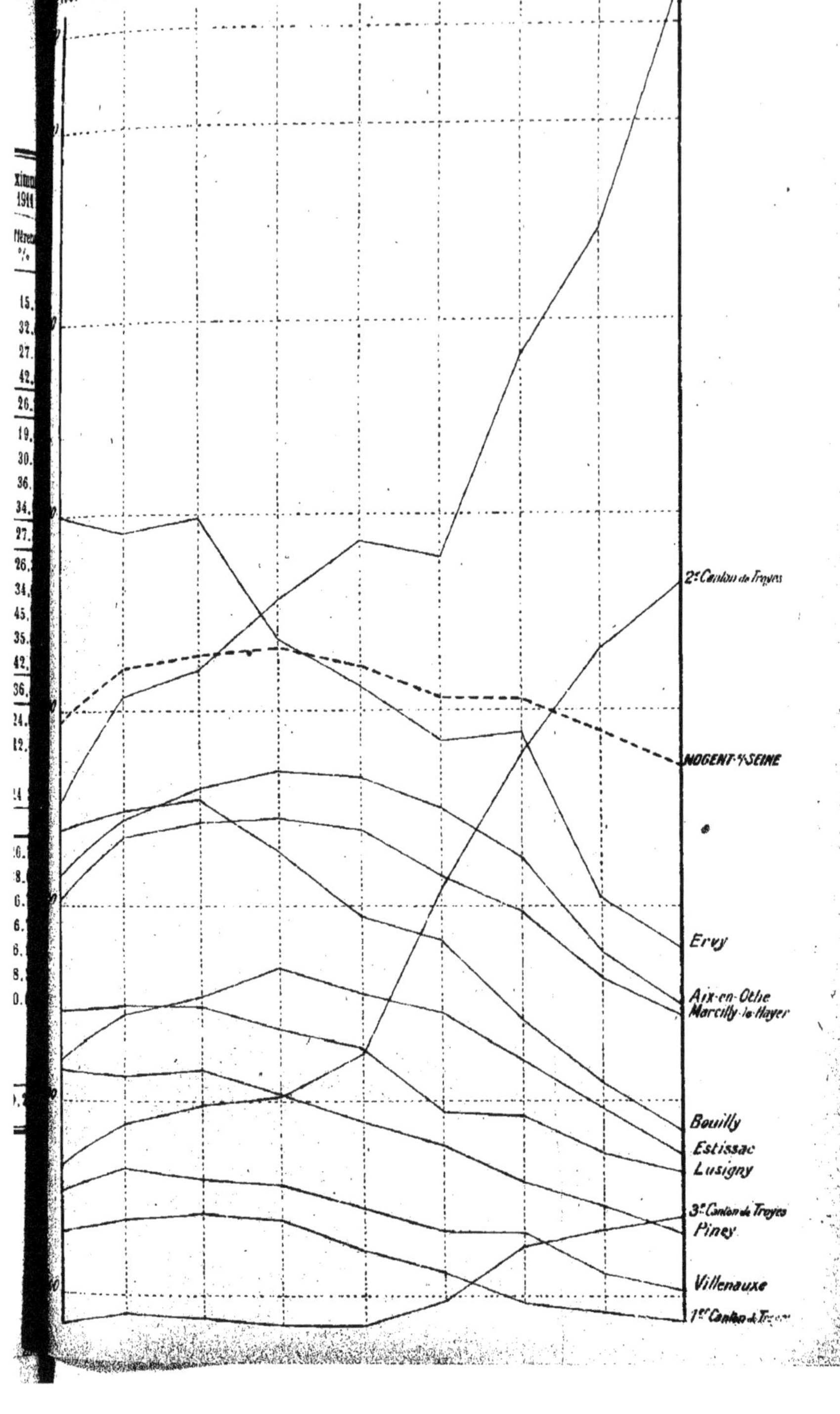

1831
1841
1851
1861
1871
1881
1891
1901
1911
Romilly-s/-Seine
2e Canton de Troyes
NOGENT-s/-SEINE
Ervy
Aix-en-Othe
Marcilly-le-Hayer
Bouilly
Estissac
Lusigny
3e Canton de Troyes
Piney
Villenauxe
1er Canton de Troyes

six ont en 1831 une population supérieure à celle de 1911;
trois seulement voient leur population s'accroître d'une
façon progressive et cela grâce à l'augmentation sensible
d'un centre industriel fort prospère; ce sont les cantons
de Romilly-sur-Seine, les 2ᵉ et 3ᵉ cantons de Troyes,
n'ayant pas mentionné la population de la ville de Troyes
dans chacun des trois cantons.

Ces augmentations parfois importantes, comme cela a lieu
pour Sainte-Savine, Romilly, Saint-Julien, non seulement
suffisent à masquer la dépopulation rapide de la majeure
partie du canton, mais amènent une plus-value sensible,
puisqu'elle atteint 114.39 °/₀ pour le 2ᵉ canton de Troyes,
93.50 °/₀ pour celui de Romilly-sur-Seine et 40.48 pour
le 3ᵉ canton de Troyes.

Les diminutions de population pour les vingt-trois autres
cantons se répartissent de la façon suivante : deux perdent
moins de 10 °/₀ de leur population de 1831; six de 10 à
20 °/₀; sept de 20 à 30 °/₀; cinq de 30 à 40 °/₀, et trois
atteignent le chiffre énorme de plus de 40 °/₀, avec un
maximum de 43.24 pour le canton d'Essoyes.

*Comparaison entre la population maximum des can-
tons et la population en 1911.* — Quatre cantons ont leur
population la plus élevée en 1831 (Chavanges, Ramerupt,
Les Riceys, Ervy), et n'ont cessé de décroître depuis cette
époque; un seulement (Arcis-sur-Aube), en 1841, baisse
jusqu'en 1901, puis la création du camp retranché de
Mailly lui redonne en 1911 une population équivalente à
celle de 1891; onze, la majorité et la presque totalité des
cantons viticoles (Bar-sur-Aube, Brienne-le-Château, Soulaines, Bar-sur-Seine, Chaource, Essoyes, Mussy-sur-
Seine, Bouilly, Lusigny, Piney, 1ᵉʳ canton de Troyes),
augmentent jusqu'en 1851, puis ce maximum atteint,
diminuent rapidement; six atteignent leur maximum de

population en 1861 (Méry-sur-Seine, Vendeuvre, Marcilly-le-Hayer, Nogent-sur-Seine, Aix-en-Othe, Estissac), et trois seulement, dont nous avons parlé plus haut (Romilly-sur-Seine, 2ᵉ et 3ᵉ cantons de Troyes), en 1911.

Ces dates de 1851 et 1861 sont intéressantes à remarquer, puisqu'elles se trouvent en pleine période de paix, à une époque que nos parents aimaient à se rappeler et qu'ils appelaient « le bon vieux temps » ; depuis, que d'événements malheureux, que nous tâcherons d'esquisser dans la troisième partie de ce travail, sont venus ralentir cette prospérité agricole !

Si nous comparons les chiffres de population maximum observés au cours de ces quatre-vingts dernières années et les chiffres fournis par le recensement de 1911, nous observons que trois cantons perdent moins de 20 % de leur population ; neuf de 20 à 30 %, soit plus du 1/3 du nombre total ; huit de 30 à 40 % et trois plus de 40 %, avec un maximum de 45.76 % pour le canton d'Essoyes ; ainsi sur vingt-six cantons, onze, dont quatre sur cinq dans l'arrondissement de Bar-sur-Seine, ont perdu plus du tiers de leur population.

Récapitulons dans le tableau ci-dessous ces différents résultats :

ARRONDISSEMENTS	Nombre de cantons	Augmentation	DIMINUTION					
			— 10 %	10 à 20 %	20 à 30 %	30 à 40 %	40 à 50 %	+ 50 %
Comparaison entre les recensements de 1811 et de 1831.								
Arcis-sur-Aube...	4	»	»	1	1	1	1	»
Bar-sur-Aube...	4	»	1	»	3	»	»	»
Bar-sur-Seine ...	5	»	»	»	1	2	2	»
Nogent-sur-Seine.	4	1	1	2	»	»	»	»
Troyes.........	9	2	»	3	2	2	»	»
Totaux.....	26	3	2	6	7	5	3	»

ARRONDISSEMENTS	Nombre de Cantons	Augmentation	DIMINUTION					
			— 10 %	10 à 20 %	20 à 30 %	30 à 40 %	40 à 50 %	+ 50 %

Comparaison entre la population en 1911 et les populations maxima des cantons.

ARRONDISSEMENTS	Nombre de Cantons	Augmentation	— 10 %	10 à 20 %	20 à 30 %	30 à 40 %	40 à 50 %	+ 50 %
Arcis-sur-Aube ..	4	»	»	1	1	1	1	»
Bar-sur-Aube....	4	»	»	1	»	3	»	»
Bar-sur-Seine....	5	»	»	»	1	2	2	»
Nogent-sur-Seine.	4	1	»	1	2	»	»	»
Troyes.........	9	2	»	»	5	2	»	»
Totaux.....	26	3	»	3	9	8	3	»

Classement des cantons suivant leur mouvement de population

N° d'ordre	CANTONS	Recensem' de 1911	Recensement maximum		Différence	
			Année	Populat"	Totale	%
	Diminution					
1	Essoyes..........	7.434	1851	13.707	— 6.273	— 45.76
2	Les Riceys.......	4.359	1831	7.613	— 3.254	— 42.74
3	Ramerupt.........	5.214	1831	9.005	— 3.791	— 42.09
4	Beuilly..........	5.680	1851	9.261	— 3.581	— 38.67
5	Ervy	7.583	1831	11.993	— 4.410	— 36.79
6	Soulaines	4.113	1851	6.441	— 2.328	— 36.14
7	Mussy-sur-Seine...	4.861	1851	7.576	— 2.715	— 35.83
8	Vendeuvre	6.109	1861	9.390	— 3.281	— 34.94
9	Chaource	7.733	1851	11.730	— 3.997	— 34.07
10	Chavanges	3.644	1831	5.414	— 1.770	— 32.69
11	Brienne-le-Château.	7.471	1851	10.687	— 3.216	— 30.09
12	Piney	4.560	1851	6.367	— 1.807	— 28.38
13	Méry-sur-Seine ...	9.000	1861	12.381	— 3.381	— 27.31
14	Estissac	5.396	1861	7.369	— 1.973	— 26.77
15	Aix-en-Othe......	6.999	1861	9.557	— 2.558	— 26.76
16	Bar-sur-Seine	9.180	1851	12.459	— 3.279	— 26.32
17	Lusigny	5.191	1851	7.027	— 1.836	— 26.12
18	Villenauxe........	4.031	1841	5.331	— 1.300	— 24 38
19	Marcilly-le-Hayer ..	6.859	1861	9.031	— 2.172	— 24.05
20	1er Canton de Troyes	3.841	1851	4.838	— 997	— 20.61
21	Bar-sur-Aube	14.508	1851	17.999	— 3.491	— 19.40
22	Arcis-sur-Aube....	8.826	1841	10.406	— 1.580	— 15.18
23	Nogent-sur-Seine ..	9.342	1861	10.675	— 1.333	— 12.49
	Augmentation					
1	2e Canton de Troyes	11.288	1831	5.265	+ 6.023	+114.39
2	Romilly-sur-Seine..	17.595	1831	9.093	+ 8.502	+ 93.50
3	3e Canton de Troyes	4.733	1831	3.369	+ 1.364	+ 40.48

Répartition de la population par arrondissements

ARRONDISSEMENTS	1911	1901	1891	1881	1871	1861	1851	1841	1831
Arcis-sur-Aube....	26.684	27.338	29.953	31.779	33.457	35.764	36.364	36.453	36.092
Bar-sur-Aube.....	32.201	34.057	36.556	38.845	40.643	43.716	44.347	42.634	39.118
Bar-sur-Seine.....	33.567	38.218	41.722	43.271	46.201	49.346	52.822	51.503	50.975
Nogent-sur-Seine...	37.827	36.289	36.331	34.665	35.936	36.023	35.211	34.785	32.015
Troyes..........	110.757	110.261	110.986	106.204	98.848	97.373	95.878	88.995	85.776
Totaux....	241.036	246.163	255.548	255.325	255.687	262.785	265.247	254.896	244.478

ARRONDISSEMENTS	Recens' de 1911	Variations de la population entre 1831 et 1911			Variations entre la populatⁿ maximum de l'arr^t et la population en 1911			
		Recens' de 1831	Différence totale	Différence °/₀	Année du recens'	Population	Différence totale	Différence °/₀
Arcis-sur-Aube....	26.684	36.092	— 9.408	— 26.06	1841	36.453	— 9.769	— 26.79
Bar-sur-Aube	32.201	39.118	— 6.917	— 17.68	1851	44.347	— 12.146	— 27.33
Bar-sur-Seine.....	33.567	50.975	— 17.408	— 34.15	1851	52.822	— 19.255	— 36.45
Nogent-sur-Seine ..	37.827	32.015	+ 5.812	+ 18.15	»	»	»	»
Troyes	110.757	85.776	+ 24.981	+ 29.12	1891	110.986	— 229	— 0.21
Totaux ...	241.036	244.478	— 3.442	— 1.41	1851	265.247	— 24.211	— 9.13

Comparaison entre les recensements de 1831 *et de*
1911. — L'arrondissement de Nogent-sur-Seine, grâce à
l'augmentation rapide de Romilly-sur-Seine, a, en 1911,
une population plus élevée qu'en 1831 de 5.812 habitants,
soit 18.15 °/₀ ; l'arrondissement de Troyes doit à son chef-
lieu une augmentation encore plus forte de près de 25.000
habitants, soit 29.12 °/₀.

Les trois autres arrondissements subissent des pertes

considérables : de 17.68 °/₀ pour Bar-sur-Aube, de 26.06 pour Arcis-sur-Aube et de 34.15, plus du tiers de la population, pour Bar-sur-Seine. Nous avons indiqué qu'une des raisons qui avaient fait prendre cette date de 1831 était que la population était la même à cette époque et en 1911, pour bien montrer que la dépopulation affecte surtout les campagnes et les régions agricoles et viticoles.

Comparaison entre la population maximum. de l'arrondissement et la population en 1911. — Un seul arrondissement, Nogent-sur-Seine, et pour les raisons précédemment indiquées, arrive à son maximum au recensement de 1911 ; l'arrondissement de Troyes, depuis vingt ans, cesse de progresser et conserve une population de 110.000 habitants ; la diminution de population des campagnes arrive à peine à compenser l'augmentation pourtant rapide de la ville de Troyes et des groupes suburbains qui l'environnent.

L'arrondissement d'Arcis-sur-Aube atteint 36.453 habitants en 1841, mais diminue avec rapidité depuis cette époque, la population n'étant plus que de 26.684 habitants, soit une diminution de 9.769 habitants, représentant 26.79 °/₀ de la population de 1841.

L'arrondissement de Bar-sur-Aube voit croître sa population jusqu'en 1851, où elle atteint 44.347 habitants, puis diminuer d'une façon continue jusqu'en 1911, où elle n'est plus que de 32.201 habitants, soit une perte de 12.146 habitants en soixante ans, représentant 27.39 °/₀ de la population de 1851.

Enfin l'arrondissement de Bar-sur-Seine, région surtout viticole, atteint près de 53.000 habitants en 1851, mais diminue d'une façon régulière de 3.000 habitants par

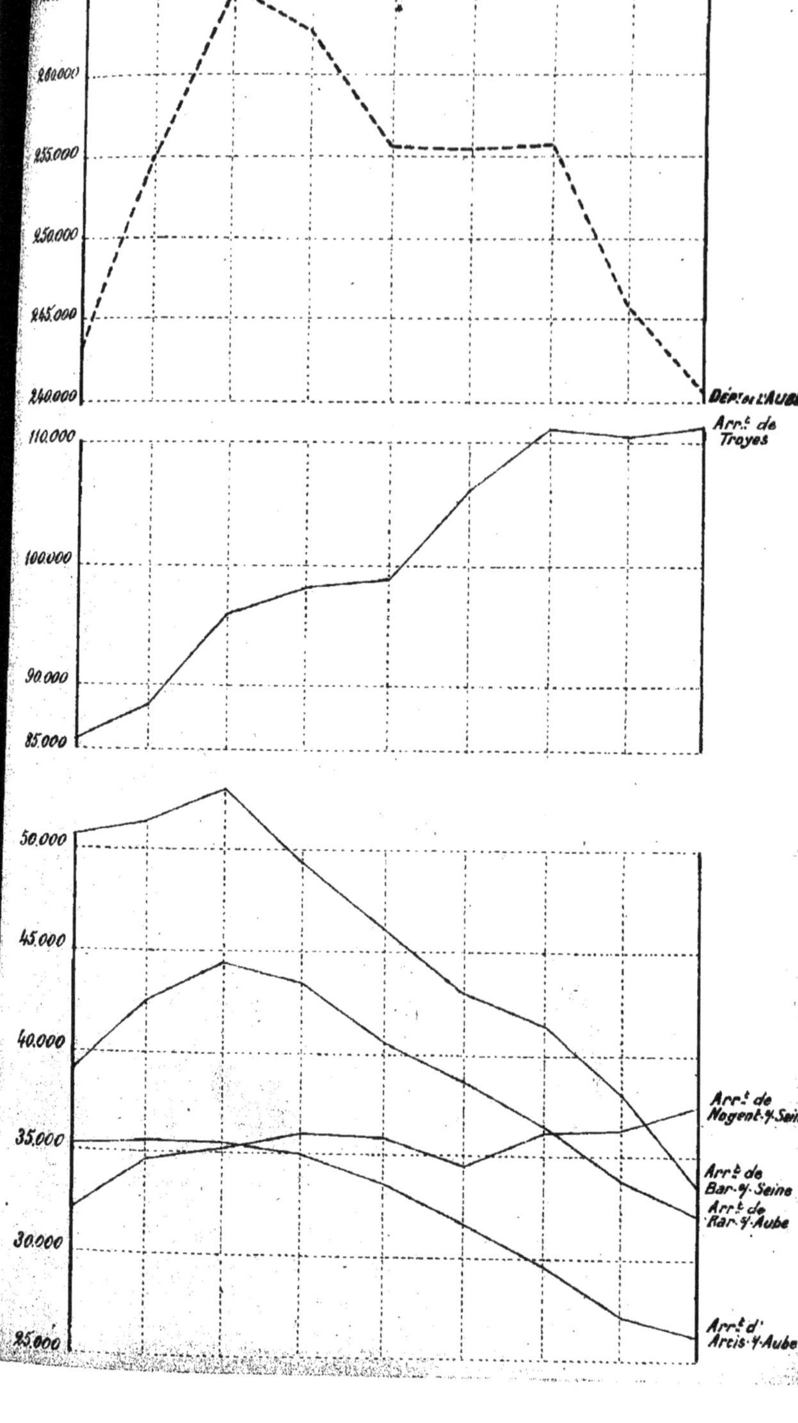

1831 1841 1851 1861 1871 1881 1891 1901 1911
265.000
260.000
255.000
250.000
245.000
240.000
Dép.t de L'AUBE
Arr.t de Troyes
110.000
100.000
90.000
85.000
50.000
45.000
40.000
35.000
30.000
25.000
Arr.t de Nogent-s/.Seine
Arr.t de Bar-s/.Seine
Arr.t de Bar-s/.Aube
Arr.t d' Arcis-s/.Aube

décade, pour finir à 33.567 habitants en 1911, accusant ainsi une perte énorme de 19.255 habitants, soit 36.45 %, de la population de 1851. Ce chiffre énorme représentant plus du 1/3 de la population, montre avec quelle rapidité cet arrondissement, autrefois si prospère et si riche, marche à la ruine.

Tout aussi lamentable est la situation du département de l'Aube: de 1831 à 1851, il s'accroît de 1.000 habitants environ chaque année, puis son maximum atteint reste stationnaire pendant vingt ans, redescend à 255.000 habitants de 1871 à 1891, puis diminue de près de 15.000 habitants en vingt ans, pour redevenir avec une population équivalente à celle de 1831.

Une telle diminution, 24.211 habitants en soixante ans, représente $1/10^e$ de la population actuelle et 9.13 %, de la population maximum, chiffre énorme pour l'ensemble d'un département et pour une période aussi courte, et qui ne doit se rencontrer que dans bien peu de départements français !

Mouvements de la population urbaine et de la population
rurale

Les chiffres ci-dessus montrant la dépopulation totale du Département, ne prouvent que d'une façon imparfaite le mouvement de dépopulation rapide des campagnes, parce que l'augmentation de la population urbaine vient dans chaque arrondissement et pour le Département tout entier masquer la diminution très sensible de la population rurale.

Population urbaine

VILLES	1911	1901	1891	1881	1871	1861	1851	1841	1831
Troyes	55.486	53.146	50.330	46.067	38.113	34.613	27.376	25.469	25.740
Romilly-s-Seine	11.652	9.001	7.244	5.283	5.030	4.290	3.738	3.737	3.117
Sainte-Savine..	6.848	6 114	5.253	3.802	1.920	1.326	1.103	946	739
Bar-sur-Aube .	4.533	4.507	4.342	4.579	4.453	4.727	4.442	4.169	3.890
Nogent-s-Seine.	3.976	3.818	3 704	3.469	3.474	3.530	3.469	3.383	3.277
Bar-sur-Seine .	3.107	3.121	3.237	3.092	2 798	2.770	2.745	2.496	2.239
Arcis-sur-Aube	3.033	2.774	2.841	2.928	2.845	2.815	2.652	2.792	3.673
Totaux ..	88.635	82.481	76.951	69.220	58.633	54.068	45.525	42.992	40.705

Nous avons, dans le tableau ci-dessus, reporté les chiffres de la population du chef-lieu, de Romilly-sur-Seine, de Sainte-Savine et des quatre chefs-lieux d'arrondissement, les totaux nous donnant les chiffres de ce que nous appellerons la population urbaine, par différence avec la population totale du Département, nous obtenons les chiffres de la population rurale, résultats que nous mentionnons dans le nouveau tableau ci-dessous :

	1911	1901	1891	1881	1871	1861	1851	1841	1831
Populⁿ rurale..	152.401	163.682	178.597	186.106	197.054	208.717	219.722	211.904	203.773
id. urbaine.	88.635	82.481	76.951	69.220	58.633	54.068	45.525	42.992	40.705
Totaux ..	241.036	246.163	255.548	255.326	255.687	262.785	265.247	254.896	244.478

La population rurale continue à croître jusqu'en 1851, puis, ce maximum atteint, décroît rapidement de 10.000 habitants par décade, pour finir à 152.401 habitants; sur les chiffres de 1831, la diminution représente 51.372 habitants, soit **25.21** °/₀ de la population totale de cette

époque, et sur 1851 de 67.321 habitants, soit 30.64 %,
plus que la population des deux arrondissements de Bar-
sur-Aube et de Bar-sur-Seine ! Ces chiffres formidables
confondent l'imagination ; que de maisons abandonnées,
que de logements inhabités dans nos campagnes, qui
deviennent des déserts !

Par contre, la population urbaine croît d'une façon régulière et passe de 40.705 habitants en 1831 à 88.635 habitants en 1911, soit une augmentation de 47.930 habitants,
représentant 115.29 % de la population de 1831.

Si nous nous reportons au recensement de 1831, 1/6 de
la population du Département habite les villes et les 5/6
les campagnes ; cette même proportion existe jusqu'en
1851, puis à partir de cette époque cette dernière proportion baisse, n'est plus que de 72.09 % en 1881 et même
de 63.23 % en 1911, tandis que le pourcentage de la
population urbaine dépasse à cette époque 36 %, c'est ce
que nous allons récapituler dans le tableau ci-dessous :

	1911	1901	1891	1881	1871	1861	1851	1841	1831
Populatⁿ urbaine.	36.77	33.51	30 11	27.11	22.93	20.57	17.54	16.85	16.65
id. rurale ..	63.23	66.49	69.89	72.09	78.07	79.43	82.46	83.15	83.35

III. — Considérations générales sur le mouvement de la population

Les résultats déplorables que nous avons constatés au cours de cette étude ne sont malheureusement pas spéciaux au département de l'Aube; à part quelques rares exceptions, dues à des circonstances particulières, nous pourrions faire les mêmes constatations et arriver aux mêmes résultats pour les 7/8 des départements français; ils peuvent se résumer dans les deux principes suivants :

1° La population de la France reste stationnaire, avec tendance à diminuer;

2° La population des campagnes tend à abandonner ces dernières, surtout depuis 1861, et se trouve poussée irrésistiblement vers les villes et principalement vers les très grandes villes.

Le cri d'alarme a été poussé depuis longtemps déjà par d'éminentes personnalités, qui ont écrit à ce sujet de fort beaux livres ou organisé de nombreuses conférences; toutes, par la plume ou par la parole, ont préconisé le « Retour à la Terre », et malgré cela rien n'arrête cet exode. Aux nombreuses raisons qu'ils ont exposées avec l'autorité d'un grand talent et une conviction profonde, nous allons indiquer quelques-unes des causes locales qui ont pu influer sur le mouvement de population de notre cher Département.

1° Causes de l'augmentation de certains centres

a) Extension de l'industrie de la Bonneterie. — L'industrie de la bonneterie et les industries connexes (filatures du coton et de la soie, tissage de la toile et du drap, etc.), sont de beaucoup les plus importantes du Département;

Troyes et Romilly-sur-Seine en sont les grands centres,
mais les populations de la forêt d'Othe (Aix-en-Othe,
Rigny-le-Ferron, Pâlis) ont encore de nombreux métiers
qui remplacent les métiers à main, si abondants autrefois
dans cette partie des arrondissements de Troyes et de
Nogent-sur-Seine. Grâce à la bonneterie, la prospérité de
Troyes augmente d'une façon remarquable jusqu'en 1900,
où une grève des ouvriers bonnetiers, soudoyée sûrement
par des industriels allemands, diminue de plus de dix millions de francs par an le chiffre d'affaires de la Ville dans
cette branche d'industrie. Seize communes du Département
atteignent leur maximum de population en 1911 et sur ce
nombre, huit au moins (Sainte-Savine, Romilly-sur-Seine,
Troyes, Marigny-le-Châtel, Pars-les-Romilly, etc.), le
doivent à la bonneterie.

(*b* CRÉATION D'INDUSTRIES LOCALES. — La commune de
Bayel doit son rapide développement à la création de sa
verrerie, qui remplace celle de Bligny, trop éloignée de
toute voie de communication. Grâce à l'habile direction
des propriétaires, MM. Marquot et Meissirel-Marquot, la
verrerie se développe avec rapidité et conséquemment la
population de la commune augmente de près de 150 %,
de 1831 à 1911, passant de 619 à 1.517 habitants.
Cet exemple typique montre que seule l'industrie est capable
de retenir et même d'attirer la population rurale dans un
centre mieux organisé.

c) INDUSTRIES DIVERSES. — En règle générale, partout
où une industrie se crée, la population augmente ou reste
stationnaire; la population agricole de la région se donne
de plus en plus à l'industrie : les risques sont moins grands,
les salaires plus élevés et plus certains et il y a moins de
chômage; l'ouvrier sait à l'avance ce qu'il gagnera dans

sa semaine, dans son mois ou dans son année; l'incertitude cesse pour le travail du lendemain, mais aussi hélas! son indépendance, son esprit d'initiative et sa liberté!

Vendeuvre a des ateliers de constructions de machines agricoles importantes, des scieries, des fabriques de poteries, de statues de saints et de saintes expédiées dans le monde entier; — Ville-sous-Laferté a des fonderies de fer, des fabriques de mesures linéaires, etc.; — Bar-sur-Aube construit des machines agricoles et des moteurs; — Romilly-sur-Seine a d'importants ateliers de constructions et de réparations (chemins de fer de l'Est), dont le développement incessant attire toute la main-d'œuvre des communes voisines; — Nogent-sur-Seine a des moulins de premier ordre, reconstruits avec les derniers perfectionnements, une sucrerie, quelques distilleries, une fabrique de brosses, une malterie, etc.; — Bar-sur-Seine, des tanneries importantes et une verrerie en pleine prospérité.

Et si nous passons sous silence les industries locales n'occupant que quelques ouvriers: usines à chaux ou à blanc de Troyes (Auxon, Chamoy); — tuileries, briqueteries, poteries (région de l'infra crétacé); — moulins à farine ou à huile, scieries (Saint-Julien, Essoyes, Bar-sur-Seine, Saint-Phal, Jeugny); — produits chimiques à Saint-André; nous constatons avec regret que le département de l'Aube a peu d'industries et qu'aucune d'entre elles, à part la bonneterie, ne peut avoir d'influence décisive sur le mouvement régressif de la population.

d) CRÉATION DU CAMP RETRANCHÉ DE MAILLY. — La création du camp retranché de Mailly, dans l'immense étendue de terrains presque improductifs qui s'étendaient entre Poivres, Trouan-le-Grand, Sompuis, a amené dans cette région tout un monde d'ouvriers, de commerçants et aussi de débitants. En quelques années, Mailly, qui n'a

plus que 473 habitants en 1901, passe en 1906 à 911
et à 1.127 en 1911, et ce chiffre n'a fait que s'accroître
depuis. Sa grande voisine, Arcis-sur-Aube, profite également de cette augmentation; beaucoup d'entrepreneurs,
contre-maîtres, directeurs de travaux, ne pouvant se
procurer sur-place le logement dont ils avaient besoin, ont
préféré habiter Arcis, où ils trouvaient un confort et des
commodités inconnues dans nos petites communes de la
campagne.

e) CIRCONSTANCES PARTICULIÈRES. — Enfin, pour quelques
communes, comme Proverville par exemple, c'est à la
situation au voisinage d'une ville assez importante que
cette petite commune doit plutôt d'avoir progressé. Les
habitants, la plupart des cultivateurs, ont des débouchés
certains et faciles à quelques centaines de mètres de leur
habitation : légumes, lait, fruits, etc.; les autres, les
ouvriers, y trouvent tous les avantages de la campagne :
loyers à bon marché, petit jardin, cour, vie à meilleur
compte et n'ont aucun des inconvénients de la ville.

Parfois enfin la création d'une ligne de chemin de fer,
et par suite d'une station à proximité d'une petite commune et desservant un centre plus important, en favorise
le développement : c'est le cas de Roncenay, qui dessert
Bouilly, sur la ligne de Troyes à Saint-Florentin, et de Mesgrigny, qui dessert Méry-sur-Seine sur la ligne de Paris
à Troyes.

En résumé, nous pouvons dire que les quelques communes du Département qui ont vu leur population s'accroître depuis 1831, le doivent, à part l'industrie fort importante de la bonneterie, à des circonstances particulières.
Pas de région du Département plus nettement favorisée que
d'autres et les augmentations constatées ne sont que de
trop rares exceptions.

2° Causes générales de la diminution
de la population

a) Invasion phylloxérique. — Le département de l'Aube récoltait de bons vins dans les arrondissements de Bar-sur-Aube et de Bar-sur-Seine (vins rosés des Riceys) ; quelques îlots assez renommés se rencontraient dans le canton d'Ervy, sur les revers méridionaux de la forêt d'Othe, dans le canton de Villenauxe et autour de Nogent-sur-Seine. Lors de la création du cadastre de 1812 à 1844, sur une superficie totale de 600.143 hectares, 22.222 hectares étaient déclarés en vignes ; ce chiffre, quelque peu modifié en 1880 par un nouveau classement de la Direction des Contributions directes, n'en porte plus que 17.143 hectares, dont 3.003 hectares dans le canton d'Essoyes, 2.733 dans celui de Bar-sur-Aube, 2.424 pour Mussy-sur-Seine, 2.325 pour Les Riceys, 1.463 pour Bar-sur-Seine ou d'une façon générale :

Arrondissement de Bar-sur-Seine...	9.756	hect.
» Bar-sur-Aube...	4.288	»
» Troyes........	3.541	»
» Nogent-sur-Seine.	340	»
» Arcis-sur-Aube .	218	»
Totaux......	17.143	hect.

Que sont-ils devenus aujourd'hui ces 17.000 hectares de vignes, dont la production atteignait en 1881 près de 500.000 hectolitres de vin? Dès cette époque commence une période excessivement mauvaise pour la viticulture ; le phylloxéra commence à faire son apparition et suivant la nature des terrains la propagation se fait plus ou moins rapidement, extrêmement prompte dans les terrains calcaires du Bar-sur-Aubois, plus lente dans les terrains jurassiques qui limitent le département au Sud-Est, la destruction totale des vignobles est complète de 1895 à 1898.

Beaucoup de vignerons n'ont pas eu les ressources nécessaires pour reconstituer les vignobles, d'autres par suite de la transformation du mode de culture, les difficultés d'adaptation de certains cépages américains n'ont pu replanter leurs parcelles extrêmement morcellées par suite des héritages et des divisions successives. Puis au début, on ne savait pas encore, les indications des professeurs d'agriculture souvent altérées par les promesses intéressées de courtiers peu scrupuleux, n'ont pas été suivies comme il l'aurait fallu, des terrains ont été ainsi replantés dans de mauvaises conditions et avec des cépages qui ne convenaient pas, et lorsque ces nouvelles vignes furent détruites une seconde fois par la chlorose, la cothys ou les maladies cryptogamiques, le vigneron ruiné n'a pas osé et surtout ne pouvait plus tenter une seconde reconstitution, et découragé, il a maintes fois prêté l'oreille aux invitations plus ou moins directes qu'il recevait de la ville.

Dans d'autres régions cependant, et principalement dans l'arrondissement de Troyes, beaucoup de vignerons étaient durant l'été manouvriers chez les cultivateurs de la commune et y travaillaient à la journée, surtout à l'époque de la fenaison et de la moisson. La destruction de leur vignoble, toujours de très faible étendue et, par suite, très morcelé par suite d'achats successifs, leur enlevait le plus clair de leur gagne-pain et le manque de ressources ne leur permettait pas la reconstitution ; d'autre part, la mise en pratique de machines agricoles les privait également ment d'un gain complémentaire indispensable, et la plupart d'entre eux émigrèrent ou recherchèrent des emplois dans les chemins de fer.

D'une façon générale, la destruction du vignoble aubois par le phylloxéra, la diminution du rendement annuel sous l'influence des intempéries et des maladies, et plus récemment encore les tracasseries imposées à nos vignerons pour la vente de leurs produits, ont eu des conséquences désastreuses pour le département. Les 17.000 hectares détruits valaient assurément plus de 50 millions de francs et la récolte d'une année moyenne, comme celle de 1881, pouvait être estimée à 10 millions.

Quelle valeur ont aujourd'hui ces terrains? Quelquefois replantés en vignes après des débours importants, ils ne donnent que des produits incertains et d'un rendement aléatoire ; — parfois plantés d'arbres, de culture difficile en raison de leur exiguité, leur rendement est à peine suffisant pour payer l'impôt élevé auquel ils sont toujours soumis ; — le plus souvent, presque toujours surtout en terrains calcaires ou accidentés, ils sont restés en friches depuis de nombreuses années et deviennent une charge onéreuse pour le propriétaire. Nous ne citerons qu'un seul exemple ; nous connaissons, et ce n'est pas une exception, une parcelle de vigne de trois ares environ payée 1.200 fr. en 1865 et revendue 15 fr. il y a quelques années !

Il est facile de comprendre pourquoi, dans ces conditions, les communes et même les cantons viticoles ont subi de si fortes diminutions ; le canton d'Essoyes, le plus riche en vignes du département, perd en 60 ans, 45.76 %, de sa population, soit une perte totale de 6.273 habitants. Les Riceys perdent également 42.74 % de leur population de 1831 ; Mussy-sur-Seine 35.83 % par rapport au recensement de 1851 ; Ervy 36.79 %, soit plus de 4.400 habitants depuis 1831 ; Vendeuvre lui-même perd 34.94 % de sa population de 1861, bien qu'il ne soit viticole que dans une partie de son territoire, etc.

Quels exemples quand des communes prospères comme
Spoy, par exemple, tombent de 884 habitants, en 1841,
à 371 en 1911, soit 513 habitants en moins représentant
58.03 °/₀ de la population de cette époque ; et ces cas ne
sont pas des exceptions puisque Fravaux, Arconville, Bertignolles, Chacenay, Verpillières, Chervey et tant d'autres
perdent plus de 55 °/₀ de leur population maximum !

b) Abandon de la très petite culture. — Si nous nous
reportons aux chiffres du cadastre, nous remarquons que
541.313 hectares sur 600.143 constituent le territoire
agricole du département. Sur cette quantité près de
400.000 hectares forment les terres labourables. Le département de l'Aube est donc essentiellement agricole, mais
le mode de culture est très différent suivant les régions ;
pays plutôt pauvre, la grande culture ne se rencontre guère
que dans le canton de Nogent-sur-Seine et au centre autour de Vendeuvre et de Brienne-le-Château ; partout
ailleurs le sol est extrêmement morcelé, les fermes peu
importantes et peu nombreuses ne sont pas entourées
comme dans la Brie ou la Beauce, par exemple, par les
champs et les prés qui en constituent le domaine.

Presque partout et principalement dans les arrondissements de Troyes, d'Arcis-sur-Aube et de Bar-sur-Aube,
le village s'est édifié au voisinage d'une rivière, le long
d'une route importante, le plus souvent dans les terrains
les meilleurs du territoire, et le reste s'est trouvé transmis
de mains en mains par suite de ventes, d'héritages et assez
rarement, surtout à l'origine, d'échanges. Il en est résulté
un extrême morcellement de la propriété, il est d'usage
encore dans certains pays de partager les propriétés venant
des parents en autant de parcelles qu'il y a d'enfants.
Chacun voulait être propriétaire d'un petit coin de terrain

dont l'étendue allait en diminuant de génération en génération ; et c'est ainsi qu'il n'est pas rare de rencontrer une
parcelle de 2 ou 3 hectares portée sur le cadastre sous un
seul numéro, et qui forme aujourd'hui 35 ou 40 lopins de
terre de forme et d'étendue différentes.

Dans la plupart de nos campagnes, à côté des propriétaires exploitants ou des fermiers, vivaient de nombreux
manouvriers qui, à force de privations, acquéraient une
petite maison, un bout de jardin et dès qu'ils avaient
quelques disponibilités, quelques ares de vignes ou de terrain. La femme, à la maison, élevait quelques poules, des
lapins, souvent même un porc, et quelquefois une vache.
Le plus souvent l'homme travaillait à la journée chez le
cultivateur voisin, entreprenait à forfait des moissons ou
des vendanges et les jours de chômage besognait dans ses
terres ou cultivait son jardin. L'hiver, alors que les battages
étaient terminés, il allait au bois, préparait la provision
de la famille pour l'hiver suivant, et à force d'économiser
le ménage arrivait à joindre les deux bouts. On vivait des
produits du jardin ou de la basse-cour ; on gagnait peu, il
est vrai, mais on dépensait moins encore, et somme toute,
à la fin de l'année, quelques louis venaient grossir le petit
pécule.

Assurément, ce n'était pas la richesse ; dans bien des
ménages la viande ne faisait que de rares apparitions sur
la table, mais les œufs étaient toujours si frais, les légumes
si bons, le vin si naturel et surtout l'accueil si aimable et
l'hospitalité si cordiale !

Malheureusement cette catégorie si intéressante de gens
n'existe plus, pour ainsi dire, les ouvriers sont devenus
plus exigeants ; souvent le cultivateur ne pouvait leur payer
les prix exagérés qu'ils demandaient. C'était l'époque peu
lointaine encore où l'agriculture subissait la crise terrible

qui faillit la ruiner ; les produits se vendaient à vil prix
(18 fr. le quintal de blé en 1896, 20 fr. celui de haricots,
etc.), les matières premières (engrais, semences) augmen-
taient rapidement, et le prix de la main-d'œuvre aidant,
l'exploitation du sol ne laissait aucun bénéfice au cultivateur. C'est alors qu'il fallut remplacer la main-d'œuvre
onéreuse et surtout difficile à trouver par les machines
agricoles, mais le manouvrier perdait de ce fait l'appoint
indispensable qui lui permettait de vivre ; découragé quelquefois, souvent circonvenu de maintes façons, il a aban-
donné le vieux toit familial pour entrer au chemin de fer
voisin, à l'usine la plus proche, quand ce n'était pas à la
ville où un parent complaisant savait toujours trouver une
place à son jeune protégé campagnard.

Seuls quelques vieux manouvriers restent dans leur
maison, les enfants ont essaimé un peu de tous côtés, ils
reviennent de moins en moins au logis natal et de moins
en moins longtemps ; et aux doux reproches de la vieille
maman, on allègue toutes sortes de mauvaises raisons : on
est si pris à l'atelier, la vie est si chère, tandis que souvent
le nouveau ménage cherche des plaisirs auxquels il n'avait
pas été habitué étant jeune et dont il ne veut pas se passer.
Et puis un jour, après avoir travaillé jusqu'à l'extrème
vieillesse, pour envoyer encore de temps en temps quelques
provisions à leurs enfants, la mort vient donnant enfin le
repos à ceux qui ne se sont jamais reposés, mais faisant
une nouvelle maison abandonnée, dont personne ne veut,
et qui peu à peu tombera en ruines tandis que les ronces
envahiront le petit jardin, la joie et le bonheur des bons
vieux qui ne sont plus !

Oh ! comme cela est triste une maison vide, lézardée de
tous côtés, où le vent entre par les ouvertures béantes et
dont le jardin voisin n'est plus qu'une friche, et c'est ce

spectacle poignant que vous avez à chaque instant, quand vous traversez nos chères campagnes auboises !

c) FAIBLESSE DE LA NATALITÉ. — Tous les économistes sont d'accord pour constater qu'une des causes les plus importantes de la dépopulation de nos campagnes réside dans la faiblesse de la natalité dans les villes aussi bien que dans les plus petits villages. Dans presque toutes les nations du monde et pour toutes les races, le chiffre annuel des naissances est nettement supérieur au chiffre des décès. Cette règle s'observe également en France jusque vers 1860, puis, avec une rapidité prodigieuse, le chiffre des naissances baisse, tandis que celui des décès tend à rester stationnaire, quoique plus faible que précédemment. Notre département n'échappe pas à cette loi générale, si de 1830 à 1840 nous observons 63.912 naissances et seulement 58.378 décès, soit un excédent de 5.034 naissances ; de 1870 à 1880, il n'y a plus que 48.290 naissances contre un chiffre presque égal de 57.163 décès, soit une diminution de 15.122 naissances sur la décade 1830 à 1840 et un excédent énorme de 8.873 décès !

Et ces chiffres n'ont fait que croître depuis cette époque : le chiffre des décès reste stationnaire tandis que celui des naissances baisse dans une énorme proportion ; il suffit, pour s'en rendre compte, de pénétrer dans une classe pour voir de nombreux bancs vides, alors qu'autrefois l'école pouvaient à peine recevoir et contenir sa population enfantine.

Quelles sont donc les raisons de ce navrant état de choses ? Autrefois, les fortes familles des campagnes essaimaient vers la ville et leur trop plein venait alimenter et grossir la population urbaine. Aujourd'hui, la campagne n'a plus de familles nombreuses, nous nous rappelons avoir relevé les chiffres suivants dans une petite commune rurale comptant 45 familles :

12 ménages n'avaient pas d'enfants ;
17 ménages avaient 1 enfant ;
 8   id.   2   id.   ;
 4   id.   3   id.   ;
 3   id.   4   id.   ;

et 1 ménage seulement avaient 5 enfants, soit 62 enfants pour 45 ménages, alors que chacun d'eux devrait avoir une moyenne de 3 enfants !

Ce qui rend surtout le problème plus angoissant, c'est que, nous devons bien l'avouer, cette abstention est généralement volontaire : on n'a pas d'enfant parce qu'on ne veut pas en avoir, ou on a volontiers un enfant et puis après on n'en veut plus ; nous le savons, il y a des exceptions, mais comme elles sont rares ! Le plus souvent, le mobile qui pousse est l'égoïsme, le bien-être que l'on désire toujours plus grand : Un enfant, mais que de nuits sans sommeil, d'alarmes de toutes sortes ; petit, la maladie est là qui le guette ; grand il lui faut faire une situation ; on veut pour l'enfant qui naît plus de bien-être que les parents n'en ont eu ; ce fils unique, comme on le couve, comme on amasse sou à sou, quant la famille est modeste, pour que plus tard il ait une situation plus élevée, et le plus souvent hélas ! on le déracine de son milieu et on en fait un déclassé.

Et dans toutes les classes de la société le même souci se retrouve : au faîte de l'échelle sociale, le fils unique doit recueillir toute la succeseion paternelle, la fille unique doit avoir la grosse dot qui lui permettra de choisir le riche parti et de briller dans le monde; les bourgeois cossus feront de leur seul enfant, le haut fonctionnaire, l'avocat sans causes ou le fruit sec auquel rêveront les jeunes filles uniques des rentiers de leur rang ; le fonctionnaire besogneux rogne un peu de tous côtés pour arriver à joindre les deux bouts, il lui faut un tenue irréprochable, mais il se prive de toutes façons, un enfant, garçon ou fille, pour lui c'est la gène, deux c'est la misère ; et l'ouvrier lui-même, à moins qu'il ne s'en moque, n'aura lui aussi qu'un enfant car la venue d'un second héritier serait pour lui un malheur ; ne doit-il pas, et c'est là le désir de tous les parents, faire une situation à cet enfant, n'est-il pas obligé de se saigner aux quatre veines pour le sortir de l'ornière dans laquelle il prétend se trouver ?

Il semble dailleurs que tout un monde d'ennemis se ligue contre ce petit être qu'est l'enfant : impossible de se loger en ville si le chef de famille avoue avoir avec lui 3 ou 4 enfants, on acceptera bien un chien, des chats ou un perroquet, mais on ne voudra pas de bébés, parce qu'ils pleurent étant jeunes et que plus tard ils écrivent et dessinent sur les murs ; et ce nouvel ennemi, le propriétaire, vient encore inciter la jeune femme à ne pas avoir autour d'elle cet enfant ou plutôt ces enfants qui seraient sa joie et sa consolation. A ce désir de bien-être, vient encore s'ajouter l'égoïsme du ménage, la vie est chère et comme on ne veut pas se priver l'homme travaille de son côté et la femme du sien : l'atelier est là qui lui ouvre l. . bras et lui promet de beaux salaires. Pourrait-elle, la pauvre femme, après sa journée de travail revenir à la maison et s'occuper d'un enfant qu'elle aurait dû confier durant son absence à des mains étrangères? Elle rentre dans cette maison vide, dans cette cage sans oiseau, et comme elle n'a pas non plus le temps d'y faire la cuisine, elle rapporte du traiteur voisin, le dîner tout préparé. Où est-il le foyer familial où le mari aimerait à retrouver les plats de son pays, les mille petits riens qui constituent les souvenirs de famille ? Vite on dîne, car le cinéma ou le théâtre vous attirent, pour cela encore l'enfant

serait une gêne, et le foyer n'existe plus, pour beaucoup
c'est la maison où l'on couche !

On aurait pu espérer cependant que la campagne aurait
dû échapper à ce mal, les logements sont grands, les distractions moins nombreuses, la mère moins portée à quitter
sa maison ; et ces chères petits s'élèvent les uns les autres :
la culotte trop courte de l'ainé deviendra la culotte neuve
du cadet et finira de s'user sur le troisième enfant ; la
grande sœur surveillera les plus jeunes frères sous l'œil de
la mère qui pourra vaquer néanmoins à ses occupations, et
tout ce petit monde s'élévera plein de force et de santé,
peut-être avec des habits un peu démodés et rapiécés, mais
avec, ce qui est l'essentiel, de bonnes joues roses et un excellent estomac. Et là encore, la natalité a baissé, l'agriculture a moins besoin de bras, le manouvrier a disparu, on
veut conserver le bien de famille au fils ou à la fille unique :
le premier restera quelquefois pour cultiver son patrimoine
tandis que la seconde suivant sa dot épousera un notaire ou
un facteur !

Peut-être cependant, la mortalité infantile a-t-elle diminué dans une grande proportion, les enfants mieux soignés,
trop dorlotés même ont-ils échappé à toutes ces misères du
jeune âge qui faisaient de si graves ravages parmi les bébés,
mais ils sont sûrement plus faibles, plus délicats et seront
plus sensibles plus tard à la fatigue et à la maladie.

Mais le mal le plus terrible, le fléau le plus grave des
villes principalement, c'est l'infanticide, et les rapports des
spécialistes sont unanimes sur ce point. Que de matrones
sont là toute disposées à supprimer cet embryon et que
notre législation se trouve faible et désarmée devant un
pareil crime ! Qu'est-ce en somme que trois mois de prison
quand ce n'est pas l'acquittement, pour la femme qui a tué
son enfant ! et combien de milliers de ces crimes restent-ils

inconnus parce qu'on ne sait pas ou souvent parce qu'on ne veut pas savoir !

d) PENSIONS ET CASERNES. — Il est de bon ton assurément qu'une jeune fille aisée passe quelques années dans la pension cossue qui lui apprendra avec quelques notions de calcul ou d'orthographe, de dessin ou de piano, ce que nos ancêtres appelaient " la civilité puérile et honnête ", les belles manières et trop souvent aussi l'orgueil et le pédantisme. La jeune fille, plus ou moins cloîtrée suivant le rigorisme de la pension entrevoit les plaisirs enchanteurs de la ville, sa camarade citadine lui détaillera avec complaisance les curiosités parfois malsaines de l'endroit, lui parlera de la pièce de théâtre que l'on doit jouer, des relations et des réceptions où elle est admise. Et la pauvre petite comparera toutes ces splendeurs inconnues au calme et à la monotonie de la vie à la campagne, elle admirera le jeudi et le dimanche au cours des promenades les toilettes tapageuses et les chapeaux dernier cri qui font la mode à la ville et se trouvera ridicule avec sa robe si simple et son chapeau démodé.

Un jour, elle passera avec succès son brevet, car aujourd'hui toutes les jeunes filles ont leur brevet, et retournera sans enthousiasme près de ses parents qui ne comprendront pas souvent pourquoi leur fille autrefois si gaie et si enjouée est devenue si triste et si taciturne. Et qu'un jour, un jeune muscadin, troisième clerc d'avoué dans une étude quelconque, attiré par la dot de la jeune fille, vienne papillonner autour d'elle, notre jeune villageoise enthousiasmée d'aller vivre à la ville, son rêve qui devient une réalité, quittera sa campagne et ses parents, éblouie elle aussi, par le mirage trompeur et les plaisirs de la cité, et deviendra une petite dame d'employé ou de fonctionnaire !

Pour les jeunes gens la pension, lycée ou collège, est une obligation pour acquérir les diplômes nécessaires aux professions libérales ; ce n'est que rarement que les parents aisés mettent leur fils au collège pour lui donner un complément d'instruction et d'éducation avant de reprendre en main l'exploitation agricole des parents. Nous pouvons l'affirmer d'une façon absolue : tout élève d'une pension quelconque est un habitant perdu pour la campagne. Le lycée prépare mal et même ne prépare du tout à la culture du sol, le voisinage continuel avec des condisciples citadins plus débrouillards donne une pointe d'envie à notre jeune rural. Lui vantera-t-on assez les plaisirs de la ville, les théâtres et les cinémas à la mode, les endroits où l'on s'amuse et où l'on risque de perdre sa santé ; lui fera-t-on assez miroiter les avantages des situations brillantes qu'il ne rencontrera jamais à la campagne, les traitements élevés de telle ou telle fonction, et comment ne succomberait-il pas devant tant de séductions et pourquoi retournerait-il à la ferme dont à dessein, on ne lui a montré que les inconvénients ?

Mais de tous ces ennuis, le plus grand, celui auquel rarement l'habitant de la campagne échappe, provient du service militaire obligatoire. Demandez aux cultivateurs, tous sont unanimes pour vous dire : « Nous avons encore quelques domestiques avant qu'ils ne partent au régiment, après nous ne pouvons plus en avoir. » C'est qu'en effet, la caserne rassemble toutes les professions aussi bien de la ville que de la campagne, et de ce contact permanent naissent les confidences provenant des longs bavardages de la chambrée. L'ouvrier des villes, beau parleur, vantera les avantages de sa profession, il insistera sur ses gains, la place qu'il occupe ou qu'il espère, les distractions de toutes sortes qu'il peut se procurer, les bonnes fortunes, vraies ou fausses, qu'il a rencontrées, et notre brave campagnard à qui l'on ne parle pas des inconvénients de la ville, compare lui aussi son dur métier de laboureur à celui du brillant orateur ; il se rappelle les longues journées d'été où, sans une minute de répit, il faut travailler du lever au coucher du soleil, les intempéries accablantes, les travaux malpropres de la ferme, les souffrances de l'hiver, les salaires ridicules, et coûte que coûte, l'ami obligeant de la ville lui trouvera une place quand ce ne serait qu'une place de valet de chambre !

D'autres fois, ayant une instruction primaire assez solide, beaucoup de bonne volonté, ayant gagné rapidement ses premiers galons, son capitaine insistera le jour où il aura la sardine pour le faire rengager, il lui montrera les avantages du métier militaire : une belle tenue, une besogne peu fatigante, une retraite au bout de quinze ans de services, et dans un cas comme dans l'autre notre villageois sera perdu pour la campagne. La ville le tient, il aura vite perdu ses illusions du début, il verra là aussi des inconvénients qu'il ne soupçonnait même pas, mais moitié par orgueil moitié par faiblesse, il ne voudra pas reconnaître son erreur et continuera à végéter à la ville qui n'était pas faite pour lui.

e) FONCTIONNARISME OUTRANCIER —C'est pour un fonctionnaire une question assez délicate à traiter et cependant ce fonctionnarisme n'est-il pas lui aussi et à de nombreux points de vue une cause certaine de dépopulation ? N'est-ce pas le rêve de nombreuses familles de faire de leur fils unique un fonctionnaire, et ne sommes-nous pas un peu responsables de cet état de choses ? Quel est l'instituteur qui ayant un bon élève, intelligent et travailleur, n'a pas insisté auprès des parents pour le pousser gratuitement même jusqu'au Brevet et à l'Ecole Normale ? Le brave enfant aurait peut-être fait un excellent cultivateur ou un bon menuisier, mais on a

montré au père et surtout à la mère tous les avantages de la
situation d'instituteur : traitement sûr, travail agréable et
relativement peu fatigant, mariage avantageux le plus souvent. Sans omettre la perspective de la retraite assurée à
55 ans, et ils se sont laissé tenter ! Mais ce que l'on n'a pas
dit à ces parents, ce sont les difficultés du début, la fatigue
de la préparation, la multiplicité des occupations, le sur-
menage occasionné par l'école et sa préparation, le secré-
tariat de Mairie, la Caisse d'Epargne, les Cours d'adultes,
les conférences quand ne venaient pas se greffer suivant les
moments les champs d'expériences, les bataillons scolaires
ou les séances de tir !

Nous nous rappelons du temps peu lointain d'ailleurs où
l'Instituteur touchait de l'Etat jusque vers 26, 27 ou 28 ans :
71 fr. 15 par mois, somme qui devait suffire à le faire vivre
lui et sa famille ! Par quel miracle d'économie arrivait-il à
la fin du mois, nous le savons nous qui y avons passé, et si la
situation des instituteurs est meilleure aujourd'hui, ce n'est
pas encore la fortune tant s'en faut, et pourtant à cette
époque la proportion des candidats à l'Ecole Normale au
nombre de places disponibles était de 7 pour 1.

Pour les parents, être fonctionnaire c'est avoir l'avenir
assuré, c'est savoir à l'avance ce que l'on gagnera chaque
année et quel sera le montant d'une retraite certaine à une
époque déterminée. Et suivant leur situation le degré du
fonctionnaire était variable : le manouvrier était heureux
quant son fils devenait cantonnier, facteur, employé de
chemin de fer, des douanes ou de l'octroi, ou que sa fille
épousait suivant les cas l'un ou l'autre de ces employés. Le
cantonnier ou le facteur s'imposaient les plus durs sacrifices
pour que leur unique enfant parvienne à être instituteur, et
ce dernier à force de privations donnait à son fils une instruction qui lui permettait d'être professeur, ingénieur, tan-

dis que ces derniers atteignaient le sommet de la hiérarchie en poussant leur enfant vers les fonctions libérales (avocat, médecin, etc.

Mathématiquement le rôle des fils se règle suivant une échelle que rien ne vient changer et la situation des filles est absolument semblable. Quel rève pour une jeune fille et quelle tranquillité pour les parents si elle épouse un fonctionnaire ; assurément la fille du facteur n'épousera pas un ingénieur, à moins de circonstances particulières, mais le cultivateur lui-même et surtout sa fille préféreront un instituteur par exemple à un brave jeune homme de cultivateur qui aurait repris l'exploitation agricole de ses beaux-parents.

Nous ne voulons pas pousser le tableau trop au noir, tant de sacrifices, d'années de travail étaient-ils récompensés? Nous l'affirmons, cela ne se pouvait pas, comme le nombre des demandes était toujours supérieur au nombre de places offertes, l'Etat ou l'Administration payaient le moins possible. Qu'importe le zèle ou l'initiative du fonctionnaire, on lui demandait un certain travail dont il connaissait à l'avance la rémunération, heureux encore quant il n'était pas obligé de faire certains travaux ou certaines démarches inavouées et quelquefois inavouables ! Et pour une vie de privations de toute sorte et de médiocrité il donnait en échange son indépendance, ses facultés d'organisation, son initiative privée et quelquefois jusqu'à son zèle, car l'envie, la jalousie étaient là qui le guettaient et le faisaient passer souvent pour un arriviste.

Le vrai fonctionnaire c'est l'homme du devoir qui arrive ponctuellement à l'heure, part au dernier coup que sonne l'horloge, fait son travail avec la régularité d'une machine, n'est jamais malade, qui passe inaperçu aux yeux de ses chefs et qui meurt presque au moment de la retraite pour ne pas trop léser les intérêts de l'Etat.

Et c'est là un idéal pour nous autres Français, non mille fois non ! Que faisons-nous alors de nos facultés imaginatives et créatrices ? Que devient notre besoin d'organisation et de travail ? Quelle activité avons-nous à déployer, quelles luttes à soutenir, puisqu'une organisation savante, quoique parfois un peu tatillonne, a réglé jusque dans ses moindres détails le champ de notre activité.

f) CAUSES PARTICULIÈRES DE LA DÉPOPULATION. — En raison des raisons générales que nous venons d'énumérer, il y aurait lieu de rechercher les nombreuses causes particulières qui ont influé sur la diminution de la population des communes rurales. Dans tous les cas, quel qu'en soit le motif on quitte la campagne pour la ville, surtout les jeunes gens ; les vieillards aiment au contraire à rester à l'endroit où toute leur vie ils ont travaillé et qui leur rappelle tant de souvenirs. Notre génération actuelle n'est pas sentimentale, que lui importent l'endroit où elle est née, le coin du cimetière où dorment les parents ; elle est pratique avant tout et vit de toutes les jouissances que lui procure la vie de la ville : elle veut gagner beaucoup pour pouvoir dépenser beaucoup. On ne se prive de rien, on contemple avec envie la situatoin plus brillante du voisin et l'on veut paraître plus que l'on n'est : de là ces haines, ces rancœurs, ces ferments de discorde entre les classes de la société !

Création de nouvelles voies de communications, chemins de fer. — Ce qui faisait parfois la prospérité d'une commune était sa situation au voisinage d'une grande route; le trafic permettait la création de certaines industries et de petits commerces; supprimez la route, créez une ligne de chemin de fer à quelque distance de là et petit à petit notre village diminuera. Qu'on nous permette de citer quelques exemples typique : Spoy était autrefois, en 1841 par exemple une commune importante de 884 habitants située sur la route nationale de Paris à Bâle, en 1848 lors de la création des ateliers nationaux on a jugé utile de détourner cette grande route afin d'éviter la pente rapide de Spoy à Bar-sur-Aube et de gagner par Magny-Fouchard et Dolancourt la vallée de l'Aube ; ce fut le début de la diminution de la population de cette commune et en 1911, la destruction complète du vignoble aidant, ce centre ne comptait plus que 371 habitants, perdant ainsi 58.03 de sa population maximum.

Vers la même époque, 1850 à 1860, les cultivateurs étaient obligés de conduire au chef-lieu de canton le plus voisin, les jours de marché ou de foire les produits de sa récolte ou de son élevage. Chaque bourg un peu important avait sa halle aux grains où se faisaient les ventes de ses produits, le fermier y vendait son grain et ses bestiaux, la fermière son beurre, ses œufs ou ses volailles. Ils venaient de 10, 12 kilomètres aux alentours, les uns en voiture, les autres à pied et suivant l'importance et le nombre des marchandises les cours montaient ou baissaient, c'était le temps heureux du beurre à 16 sous la livre et des œufs à 12 sous la douzaine.

Petit à petit, la consommation des villes augmentant, l'acheteur se déplaçait, plus besoin d'aller au marché y conduire son grain puisque le courtier passait chez vous et l'achetait aussitôt ; à quoi bon porter son beurre à la ville voisine puisque le laitier ramassait le lait chaque jour et l'expédiait aussitôt soit à la ville pour être consommé en nature, soit à la laiterie pour être transformé en beurre et en fromages.

Le marché n'avait plus sa raison d'être, puisque l'acheteur se déplaçait, ou plutôt puisqu'un intermédiaire se déplaçait pour lui. Mais non seulement on allait au marché pour y vendre ses produits, mais la ménagère savait acheter le coupon d'étoffe dont elle avait besoin, l'ustensile de cuisine qui lui manquait, les graines et les produits qui lui étaient nécessaires et, de cette façon, le bourg conservait la presque totalité de l'argent ; la campagne le nourrissait et faisait même vivre les cafés et restaurants qui s'installaient autour de sa halle aux grains.

Presque partout également les lignes de chemins de fer ont été installées, rayonnant vers les grandes villes et le plus souvent au lieu d'acheter au chef-lieu de canton et le jour du marché les objets dont la ferme peut avoir besoin, on préfère aller à la ville où le choix est plus grand y faire ses emplettes.

Pour ne citer qu'un exemple, Ervy avait autrefois des foires et des marchés extrêmement importants, d'un rayon de plus de 10 kilomètres on apportait les produits de laiterie, les fromages si renommés de la vallée de l'Armance, les volailles de toute sorte que l'on élevait dans toutes les communes du canton. La création de la ligne de Troyes à Saint-Florentin a ruiné tout ce commerce, le lait ramassé dans tout le canton sert à alimenter les laiteries d'Auxon ou de Sainte-Savine, les fromages et tous les produits de la basse-cour sont expédiés sur Troyes et Paris ; quant aux grains, des courtiers passent dans les campagnes et les cultivateurs n'ont plus qu'à l'amener aux gares les plus proches. Aussi, la population tombe de 1.956 habitants en 1891, année de la mise en exploitation de la ligne de chemin de fer, à 1.376 en 1911, soit une différence de 580 habitants en 20 années.

Dans vingt autres cas, peut-être, nous aurions les mêmes raisons particulières à signaler ; nous avons déjà parlé de Bligny, dont l'industrie de la verrerie se trouve supprimée et qui perd, de ce fait, 65 °/° de sa population ;

mais nous ne voulons pas multiplier les exemples dans la crainte de devenir fastidieux.

Un fait reste acquis, pour des raisons nombreuses, la population rurale du département de l'Aube a fortement baissé; l'exode vers les villes devient une plaie difficile à guérir, et rarement le citadin revient à la campagne. Quelquefois cependant lorsque des circonstances favorables ont permis au commerçant, au petit industriel une modeste aisance, il achètera, à proximité d'une station de chemin de fer, une petite maison de campagne où il revivra les jours heureux de sa jeunesse. Mais ces retours si rares ne donnent pas un bras de plus à la terre, pas un enfant de plus à l'école, ce sont des poids morts qui grèveront à nouveau la campagne sans lui apporter la moindre aide.

Ce n'est pas là le retour à la terre que nous souhaitons, ou plutôt ce ne sont pas là les forces vives que nous aimerions à conserver dans nos champs.

IV. — Moyens d'enrayer la dépopulation des campagnes auboises

1° **Reconstitution des vignobles.** — Beaucoup de communes des arrondissements de Bar-sur-Aube et de Bar-sur-Seine, en raison du vallonnement, se prêtaient admirablement à la culture de la vigne; le phylloxéra en a fait des friches dont la mise en culture devient difficile. Toute une végétation spontanée, ronces, prunelliers, y a pris naissance donnant le couvert à des myriades d'insectes, de mollusques et même souvent de petits reptiles. Ces parcelles sont de trop petite étendue, même lorsque la culture en serait facile, pour qu'il soit avantageux d'y semer des céréales ou d'y planter des légumes. Seule la vigne peut y réussir, mais pour cela il est indispensable tout d'abord que les propriétaires procèdent à des échanges de façon à grouper en un seul morceau 3, 4, 10 parcelles si disparates au point de vue de la forme et de l'étendue.

Ces premières formalités accomplies, le défoncement qui précède la plantation devient plus facile et quelquefois peut être exécuté par des charrues spéciales ou même par un moteur qui serait la propriété du syndicat communal.

Malgré tout, une difficulté nouvelle se dresse pour le choix du cépage, le vigneron aubois doit-il chercher les cépages à rendements élevés mais dont les vins ne seraient que de qualité courante? Nous ne le pensons pas, nous ne voudrions pas voir nos viticulteurs commettre la même faute que leurs collègues du Midi, qui, en visant aux hauts rendements, ont créé une crise de production dont nous nous souvenons encore. Si nous étions qualifié pour leur donner des conseils et leur éviter de nouveaux déboires, nous préconiserions la mise en culture d'une petite étendue de terrain (15 à 25 ares), de cépages à grands rendements, résistants aux gelées printanières, aux maladies cryptogamiques, dont le produit, à peu près certain, servirait chaque année à la boisson de la famille. Sans entrer dans des indications de détail, que tous les professeurs d'agriculture sont en mesure de donner, certaines variétés de gamays semblent tout indiquées. Depuis quelques années, les hybrideurs ont obtenu et étudient un certain nombre de producteurs directs (nous ne parlons pas bien entendu des Clintons, ni des Noahs, ni des Othellos et autres producteurs directs anciens qui ont provoqué tant de cruelles désillusions), dont les produits sont remarquables et dont les rendements sont à peu près certains, ce sont tels ou tels numéros des hybrides Gaillard, Seybel, Couderc, etc.

Et puis partout où l'exposition est bonne, partout où autrefois tel cépage local avait une réputation justifiée par les qualités des vins qu'il produisait, comme les pineaux, les mesliers dorés, les sereigniers, etc., il nous semble tout indiqué de reconstituer avec ces plants, en mettant résolument de côté ceux dont la maturité n'était qu'exceptionnelle comme les gouais ou les francs noirs.

Le viticulteur aubois doit chercher avant tout à produire un vin dont les qualités lui permettront d'en faire un vin de luxe. Depuis longtemps la région d'Epernay venait demander à nos arrondissements de Bar-sur-Aube et de Bar-sur-Seine, le complément de récolte qui lui était nécessaire pour la fabrication de ses vins de Champagne. Des mesures administratives, hâtivement prises, ne le permettent plus aujourd'hui, mais nous espérons fermement qu'une telle mesure sera abrogée, car elle constitue, vis-à-vis de nos régions, une flagrante injustice et même une illégalité.

Si le vigneron des arrondissements de Bar-sur-Aube et de Bar-sur-Seine sait à l'avance sur quels débouchés il peut compter, il n'hésitera pas à augmenter ses plantations, car il pourra alors remplacer la main-d'œuvre, qui est rare, par des instruments aratoires (charrues défonceuses, bineuses, pulvérisateurs à dos de cheval ou de mulet), qui lui permettront de diminuer ses frais généraux et, conséquemment, d'augmenter ses bénéfices.

2° CULTURES SPÉCIALES. — La culture de la vigne n'est pas la seule qui ait amené la multitude des parcelles de terre qui environnent les agglomérations rurales. D'après le cadastre le département de l'Aube comptait 3.623 hectares de vergers, pépinières et jardins, et 1.706 hectares de chenevières, soit 5.329 hectares ; en 1880, ce chiffre n'était plus que de 3.948 hectares, d'où une diminution de 1.381 hectares.

En fait, les chenevières n'existent plus aujourd'hui, nous n'avons pas la connaissance d'avoir rencontré au cours de nos excursions dans le département, une seule culture de chanvre. Seul le terme est resté sur les registres du cadastre, mais comme ces terres à chanvre étaient les meilleures de la commune, elles continuent d'être cultivées et donnent principalement les légumes qui serviront à la consommation de la famille quand elles ne sont pas en luzerne. Le nombre des jardins a lui-même diminué par suite de la disparition des habitants et un grand nombre de vergers, demeurés sans soins, plantés d'arbres en plein vent sont devenus de véritable forêts vierges au rendement insignifiant. N'y aurait-il pas lieu de porter remède à cet anormal état de choses? Aujourd'hui grâce aux moyens de transport nombreux et rapides, il est facile d'envoyer à des distances éloignées les produits du sol qui devaient être autrefois consommés sur

place. La compagnie du P. L. M. n'avait-elle pas des trains
entiers de fleurs, de fruits et de légumes qu'elle transpor-
tait de la Côte d'Azur à Paris et même en Angleterre.

De combien de milliers de parcelles de première qualité
pourrait-on tirer des produits excellents et rémunérateurs
si l'on savait les exploiter judicieusement. Là, cependant,
les conseils sont plus délicats, plus spéciaux suivant les débouchés que l'on peut espérer, la main-d'œuvre que l'on a et
la nature du sol que l'on exploite. De grands progrès peuvent
cependant être réalisés, telle région est plus apte à la production intensive des asperges, telle autre grâce au voisinage d'une fabrique de produits de conserve réalisera de
gros bénéfices en cultivant les haricots verts, les petits pois
et même les cornichons ! une autre encore, plus voisine
d'un centre ouvrier retirerait de beaux avantages de la culture intensive de certains légumes demandant peu de soins
comme les oignons, les pommes de terre hâtives, les choux
ou les poireaux.

Ce qui importe dans ce genre nouveau de culture, c'est
de coordonner les efforts de façon à obtenir le maximum de
revenus, le producteur ne doit pas s'occuper de la vente,
mais ce qu'il ne peut faire, un syndicat (et nous allons revenir prochainement sur ce sujet) ou son délégué peut s'en
charger. Nous nous rappelons l'organisation modèle du
syndicat agricole d'Appoigny (Yonne) qui vend directement
à Paris ses produits maraîchers (asperges, petits pois,
pommes de terre) et qui expédie jusqu'en Angleterre, et
tous les jours durant le temps de la récolte, un wagon de
cornichons !

Pas de perte de temps pour le récoltant puisque chaque
matin le délégué ramasse et contrôle les produits de tous les
adhérents; diminution sensible des frais de transport puisque
les Compagnies de chemins de fer accordent des tarifs spé-

ciaux extrêment réduits aux expéditeurs qui s'engagent à livrer chaque jour des quantités déterminées de marchandises ; enfin prix de vente élevés par suite du manque d'intermédiaires et de la certitude de l'approvisionnement.

C'est là le mode le plus pratique et le plus parfait de la coopération ; chaque adhérent reçoit à la fin du mois ou de la saison de vente, proportionnellement aux quantités de produits livrés, la somme qui lui revient, déduction faite des frais généraux dus comme salaires aux employés ou payés aux Compagnies de transport.

3° EXTENSION DE L'ARBORICULTURE FRUITIÈRE. — La culture rationnelle des arbres fruitiers est pour ainsi dire inconnue ou trop peu connue dans nos campagnes. D'immenses étendues de vergers ou de jardins ont de nombreux arbres, mais par suite du manque de soins leur rendement est tout à fait aléatoire. Et pourtant ce serait là encore un excellent moyen de remettre en culture quelques-unes des nombreuses parcelles de terre, autrefois vignes ou chenevières, qui en raison de leur exiguité ne peuvent être mises d'une façon avantageuse en céréales par exemple.

Que de fois nous avons constaté, dans les terrains plus ou moins cultivés qui avoisinent la ferme, de nombreux arbres mal soignés, dont les fruits parfois d'excellente qualité tombaient et étaient perdus sous l'arbre, Les travaux des champs pressent il est vrai, on n'a pas le temps de cueillir les cerises ou les prunes, et tous ces produits dont il serait facile de tirer parti sont perdus ou gaspillés. Là surtout la routine est forte, on regarde d'un mauvais œil un propriétaire qui vend des fruits, cerises, prunes ou raisin ; il est de règle et en somme ce serait parfait si tout était consommé, que le voisin doive profiter d'un produit qu'il n'a pas et qui se trouve en abondance à côté. Cela c'est la vieille fraternité des villages qui veut que l'on se vienne en aide les uns aux autres ; nous aimons trop ces anciennes coutumes où tout à la campagne était un peu en commun pour récriminer, mais nous nous élèverons toujours contre le gaspillage insensé qui se rencontrait trop fréquemment dans les agglomérations rurales.

Nous serions heureux de voir les murs de clôture et surtout d'habitation de la ferme couverts d'espaliers de toutes sortes, poiriers, pommiers, pêchers, abricotiers, et de treilles ; quelle source de revenus, mais quelle joie aussi que de pouvoir apporter sur la table familiale les beurrés, les cavilles ou les chasselas de sa récolte ! Que demandent-ils ces arbres pour donner d'abondantes récoltes ? Peu de chose : la taille au printemps, quelques pincements durant le cours de l'été, un badigeonnage contre les insectes en hiver, et c'est à peu près tout.

Nous allons même plus loin, il y a intérêt à étendre cette culture partout où le terrain le permet ; dans beaucoup de communes du département aussitôt après la ruine du vignobles de nombreuses parcelles ont été replantées en pommiers, c'était une idée ingénieuse. Malheureusement, mal guidés, la plupart des propriétaires n'ont pas su faire un choix judicieux des variétés à planter. On avait remarqué un pommier à cidre remarquablement fertile dans le champ ou le jardin du voisin, et vite on avait greffé le plus grand nombre possible d'arbres de cette variété. Ce qui importait, c'était la quantité de fruits sans trop se soucier de leurs qualités ; on voulait remplacer le vin que les vignes ne produisaient plus par du cidre sans savoir qu'il est de toute nécessité, pour obtenir un produit excellent, de mélanger un nombre assez grand de variétés de pommes ou de poires ayant des qualités spéciales. Quelques-uns cependant, conseillés par nos maîtres pépiniéristes, avaient joint à leurs collections,

plusieurs variétés de fruits à couteau d'excellente qualité,
mais nullement guidés au moment de la récolte, ils jetaient
le tout au pressoir, à part cependant la réserve nécessaire à
la consommation familiale, et faisaient du cidre avec des
reinettes grises ou des reinettes de Canada.

Nous revenons ainsi à l'idée émise précédemment, il ne
suffit pas de produire et de produire beaucoup, il importe
avant tout de tirer le parti le plus avantageux de cette production. L'arboriculture fruitière, et nous irons jusqu'à conseiller dans certains terrains la culture du cassis, de la
groseille à confiture ou de la groseille à maquereau, de con-
servation et d'expédition faciles, peut procurer des bénéfices
importants à ceux qui, sans être agriculteurs, auraient à la
campagne des loisirs et quelques parcelles de terrain. Mais
pour réussir il est nécessaire d'avoir des données sérieuses
sur la valeur des arbres à cultiver, sur les soins à donner au
cours de la végétation et sur les débouchés probables. C'est
là une culture plus délicate et de plus longue haleine que
celle des asperges ou des petits pois dont nous parlions précédemment, mais qui bien conduite peut procurer des
bénéfices encore plus apréciables.

4° **Remembrement des petites propriétés.** — Peu de régions
agricoles sont aussi morcelées que le Département de l'Aube,
de nombreuses raisons ont amené une division presque à
l'infini des parcelles de terrain. Le plus souvent à la mort
des parents, les enfants se partageaient chaque champ de
l'héritage paternel en autant de parcelles qu'il y avait d'héri-
tiers, soumis à deux ou trois successions, le terrain devenait
parfois incultivable. Presque toujours, c'était la vigne qui
était soumise à cette division exagérée ; on tenait à avoir,
surtout pour parer aux intempéries climatériques : gelées,
grêle, sécheresse ou inondation, de nombreuses parcelles

de façon à obtenir un rendement annuel plus régulier. Le travail se faisant exclusivement à bras, cette division n'avait pas de gros inconvénients, et elle permettait en outre l'achat de telle ou telle parcelle aux petites bourses qui n'auraient pu acquérir un domaine d'une grande étendue.

C'était donc un bien puisque ce mode d'exploitation augmentait le nombre des propriétaires et surtout des exploitants. Mais par suite de la disparition du vignoble, de la diminution de la main d'œuvre et des transformations agicoles des vingt dernières années, ces petites propriétés sont restées pour la plupart incultes. A différentes reprises, nous avons étudié comment elles pourraient être rendues productives, il nous reste à indiquer comment on peut les réunir pour en faire des parcelles plus importantes.

L'achat des machines agricoles a rendu l'échange des terrains obligatoires, que peut-on faire dans un champ souvent de moins de 10 ares avec une moissonneuse-lieuse ? Le propriétaire exploitant résoud la question en achetant toutes les fois que l'occasion se présente, les parcelles à vendre qui avoisinent son champ, il forme ainsi un petit noyau qui s'augmente d'année en année, et qui s'augmenterait plus vite encore si l'envie, la jalousie si communes dans nos villages n'y mettaient souvent entrave. On sait que tel propriétaire a besoin d'une parcelle voisine, vite un ami charitable cherchera le jour de la vente, dans le but malin de lui jouer un bon tour, à lui prendre ou à lui faire payer hors de prix.

Bien plus souvent cependant, les propriétaires échangent entre eux des parcelles contiguës, il suffit d'en déterminer la valeur et au moyen d'une soulte ou sans soulte, par un simple sous-seing privé l'échange se fait. A différentes reprises et surtout dans un but d'encouragement, l'Etat a donné les plus grandes facilités pour pousser les propriétaires dans cette voie en ne leur demandant que des droits d'enregistrement très minimes. De nombreuses Sociétés agricoles, dont le Comice agricole départemental de l'Aube, accordent chaque année des primes et des récompenses aux propriétaires qui ont réalisé le plus grand nombre d'échanges.

Malgré toutes ces facilités des milliers de parcelles restent encore incultes dans les arrondissements de Bar-sur-Aube et de Bar-sur-Seine, par le fait de leur exiguité, les échanges ne sont qu'un palliatif et sont encore trop particuliers. La seule mesure générale qui s'impose, c'est le remembrement général de tout le territoire d'une commune, comme l'a compris et réalisé la commune de Leumont dans les Vosges et quelques autres de la même région.

Voici la façon habituelle de procéder : Une commission municipale nommée par tous les propriétaires achète à l'amiable tout le territoire de la commune, puis ce travail fait on divise chaque région en parcelles d'égale étendue, de forme régulièrement géométrique (rectancle ou trapèze) d'une étendue d'un hectare au moins, avec, à proximité, les chemins qui permettront de rejoindre les routes. Puis ou procède à l'adjudication de chacune de ces parcelles, et il demeure entendu qu'elles peuvent toujours être réunies à d'autres, mais jamais divisées. Ainsi comprise, le propriétaire n'a à débourser ou à recevoir la différence entre sa vente à la commune et l'achat qu'il a fait. Toujours les terrains ainsi vendus acquièrent une plus-value importante, le territoire agricole se trouve augmenté de l'étendue de nombreux chemins supprimés, et les opérations culturables sont facilitées par suite de la forme régulière et de la superficie plus importante de chaque parcelle.

Malheureusement, pour que le remembrement du territoire d'une commune puisse avoir lieu en France, la loi exige que la *totalité* des propriétaires y consente, dans d'autres pays la *majorité* suffit. Cette seule raison permet de comprendre pourquoi cette opération qui serait pourtant si désirable et dont les conséquences seraient si importantes, n'est qu'une exception qu'on aime cependant à citer. Quelques communes ont pu cependant arriver à modifier certaines parties de leur territoire, par voie d'échange ou de vente grâce à la bonne volonté des propriétaires intéressés.

Mais quel résultat merveilleux si l'on pouvait en l'espace de quelques années et surtout dans nos régions viticoles dévastées, réunir en parcelles plus importantes ces friches inutilisables grevées de si forts impôts !

5° INTENSIFICATION DE LA PRODUCTION AGRICOLE. —Nous arrivons tout naturellement à parler de l'augmentation des rendements de nos récoltes ; l'agriculture est devenue une industrie complexe qui nécessite des connaissances étendues et des capitaux importants ; pour être prospère, elle doit viser de hauts rendements. Produire beaucoup et au meilleur marché possible, tel est le double problème dont le cultivateur doit chercher constamment la solution. L'agronomie enseignera au praticien quelles variétés de semences, il doit employer ainsi que les quantités à l'hectare, elle lui enseignera également quels sont les engrais qu'il convient d'utiliser et dans quelle proportion. Mais l'initiative reste entière au cultivateur, c'est à lui de rechercher par l'expérience, en suivant les coutumes locales, l'époque d'un semis de céréale par exemple ou de tel ou tel engrais. C'est à lui de savoir utiliser telle matière fertilisante plutôt que telle autre, parce qu'à valeur égale, l'une est à un prix de revient inférieure à l'autre. Le voisinage d'une usine, d'une ville rendent possible l'emploi de tel produit ou de tel déchet que le théoricien ne pourrait conseiller dans d'autres régions. Nous nous souvenons des masses énormes de gadoues qui sont utilisées au voisinage de Paris, dans un rayon de plus de 100 kilomètres, et des récoltes magnifiques que nous avons observées dans des terrains de qualité tout-à-fait médiocre. Le voisinage d'une sucrerie permet l'utitisation des écumes de décarbonatation dans les terrains surtout argileux et de la pulpe pour l'engraissement du bétail. La proximité d'un quartier de cavalerie procure des masses énormes de fumier le plus souvent à des prix extrêmement avantageux.

Ce qui fait surtout la beauté et l'intérêt de la profession d'agriculteur, c'est cet esprit d'initiative sans cesse en éveil qui permet de produire plus et à meilleur compte ; toute nouveauté, et il ne faut en croire les annonces tapageuses que sous bénéfice d'inventaire, n'est pas à accepter, mais le cultivateur intelligent, rompant avec la routine, adoptera, par exemple, une machine qui lui simplifiera son travail et lui permettra d'augmenter ses rendements.

Produire le plus possible, ne pas laisser une parcelle de terrain sans rapport, augmenter le nombre des têtes de bétail dans la plus large mesure de façon à produire toujours davantage de viande à la boucherie, de laitage à la population et de fumier aux terres ; agrémenter surtout la ferme par un jardin potager en plein rapport ; donner au personnel une nourriture abondante et variée de façon à ce qu'il fournisse le maximum d'efforts ; avoir de l'ordre et de l'économie, deux qualités qui bien souvent hélas, font défaut à la ferme ; faire en sorte que le travail tout pénible qu'il soit devienne captivant, tels sont les buts essentiels que doit se proposer un bon agriculteur.

L'agriculture est une science, quoi qu'on en dise, qui demande de longues études et beaucoup d'intelligence ; il ne faut que quelques années pour devenir un bon menuisier, il faut toute sa vie pour devenir un bon cultivateur. Pas de profession où il y ait autant à apprendre, autant de connaissances à posséder ; n'est-il pas à la fois : vétérinaire pour soigner son bétail, chimiste pour préparer ses engrais, mécanicien pour réparer ses machines agricoles ; en plus de ses capacités en agriculture, en jardinage ou en élevage, ne doit-il pas connaître quelques éléments de comptabilité pour établir son bilan et reconnaître son bénéfice annuel, et ne sait-il pas acheter ou vendre dans les meilleures conditions son bétail ou ses grains ?

Instruction professionnelle agricole. — Le jeune homme qui se destine à l'agriculture reçoit-il une instruction professionnelle appropriée et où peut-il apprendre son métier, telles sont les questions qui viennent immédiatement à la pensée. Sans remonter au temps pas très lointain d'ailleurs où le père disait d'un de ses fils qui n'avait rien pu apprendre : « Bah ! il en sait toujours assez pour labourer nos champs », nous devons avouer que l'enseignement agricole est fort peu suivi. Il existe cependant en France quelques fermes-écoles et une quarantaine environ d'écoles dites *pratiques* d'agriculture, mais leur recrutement se fait mal et la plupart de leurs élèves ne seront jamais des agriculteurs ; on y prépare Grignon, Rennes ou Monpellier, c'est-à-dire des apprentis-agronomes et non des professionnels.

Depuis quelques années cependant la création des écoles d'agriculture d'hiver a pu rendre de grands services ; plus répandues, plus accessibles à toutes les bourses et surtout plus pratiques elles permettraient à un grand nombre de jeunes gens de parfaire leur instruction primaire et d'y acquérir des données sérieuses en agriculture.

Il nous semble néanmoins que cet enseignement est insuffisant parce qu'il ne s'adresse qu'à une infime minorité de jeunes agriculteurs : 15 ou 20 pas plus chaque année et par département où fonctionnent ces écoles.

L'enseignement agricole doit commencer dès l'école primaire, il ne faut pas nous le dissimuler, la presque totalité
des enfants de nos campagnes doivent ou plutôt devraient
être agriculteurs et par conséquent recevoir une instruction
appropriée. L'Instituteur lui-même n'est pas très bien préparé pour cela ; que ne lui a-t-on pas demandé depuis
trente ans ? Nous ne souvenons plus qu'à peine des bataillons scolaires, qui presque sans interruption ont été rem-
placés par les Caisses d'Epargne scolaires, les champs d'expériences, les cours d'adultes, les conférences avec ou sans
projections lumineuses, la gymnastique, le dessin et pour
finir la préparation militaire ! Que pouvait-il faire de bien
dans tout cela ce brave instituteur à qui l'on demandait de
brûler le lendemain ce qu'il avait adoré la veille ! Il était
tout, sauf Instituteur, car dans les campagnes il lui faut
encore être secrétaire de Mairie, quand ce n'est pas en plus
caissier de la Caisse d'Epargne, économe de l'hospice,
gardien du téléphone ou conducteur de l'horloge municipale!

Il nous semble que l'instituteur est chargé par ses fonctions de l'instruction et de l'éducation des enfants qui lui
sont confiés ; n'oublions pas que la majorité des Maîtres
doit vivre à la campagne et être en rapport constant avec
des cultivateurs, qu'il doit préparer ses jeunes élèves à leur
métier de demain, et nous sommes fort surpris qu'il ne soit
pas mieux préparé à une tâche aussi importante. L'enseignement agricole théorique donné dans les Ecoles Normales
n'est pas suivi avec fruits parce qu'il n'y a pas de sanctions
au Brevet supérieur ou au Certificat de fin d'études normales. L'instituteur-adjoint demande à rester le plus longtemps possible à la ville où il trouve plaisirs et avantages ;
part-il en commune, il demandera un poste au voisinage
d'une gare de façon à pouvoir revenir de temps à autre à la
ville, se tenir au courant des menus potins. Aime-t-il la

campagne cet instituteur qui considère sa nomination comme une disgrâce et qui ne demande qu'à en partir au plus vite ? Quelles relations cherchera-t-il à se créer puisque dès son arrivée il pense déjà au départ ? Quelle influence morale peut-il avoir sur une population qu'il ne veut pas connaître et qu'il ne cherche pas à s'attacher ?

Il y a là, nous semble-t-il une lacune qu'il importe de combler, comment le petit rural qui vient à l'école aimera-t-il son pays natal si son jeune maître lui vante les avantages de la ville et lui fait part de son ardent désir d'y retourner ? Nous serions heureux de voir l'instituteur reprendre l'organisation de champs de démonstration simples, entreprendre la création de jardins scolaires potagers où les élèves les plus grands apprendraient sous la conduite de leur maître les premières notions de jardinage. Quel plaisir pour ce petit bonhomme de rapporter à la maison le chou ou la botte de carottes qu'il aurait fait pousser !

Petit à petit, le cultivateur viendrait à l'instituteur, lui demanderait conseil sur l'emploi de tel engrais ou la valeur d'une semence nouvelle, et de cette communauté d'idées entre le théoricien et le praticien naîtrait un immense progrès.

L'Instituteur devrait être le trait d'union, le représentant tout désigné de son ancien professeur, le directeur départemental des services agricoles ; c'est lui qui serait chargé, durant les mois d'hiver, d'expliquer aux cultivateurs de sa commune les avantages de telle méthode culturale nouvelle ou de tel instrument aratoire encore peu connu. Son rôle de vulgarisateur scientifique ne s'adresserait pas seulement aux adultes mais aux jeunes gens à qui il montrerait les avantages des professions rurales et qu'il inciterait ainsi à rester au village.

Mais nous serions heureux surtout si la parole de cet instituteur était confirmée par un nombreux personnel de professeurs, appelés ambulants en Italie. L'Administration de l'Agriculture n'impose qu'un nombre assez restreint de conférences agricoles, nous voudrions voir ces dernières plus nombreuses de façon que chaque professeur puisse venir au moins deux ou trois fois par an et presque exclusivement au cours de l'hiver dans chaque commune se mettre à la disposition des agriculteurs. Quelques professeurs, avec qui nous entretenons d'excellentes relations se plaignent que le cultivateur est long à se décider et se donne difficilement ; c'est peut-être vrai. Souvent l'homme des champs voit dans ce Monsieur qui vient de la ville, une personne d'une nature différente de la sienne, il doute de son savoir professionnel, il craint que cet agriculteur en chambre ne lui demande que des choses impossibles à réaliser. Mais si le cultivateur ne vient pas à nous, pourquoi n'irions nous pas à lui ; il nous semble que la vraie source des progrès à réaliser réside dans l'alliance intime, incessante entre le théoricien d'une part et le praticien d'autre part. Qu'importe si une découverte scientifique intéressant le monde agricole vient à être réalisée, si cette nouveauté n'est pas immédiatement mise en pratique et vulgarisée par tous les moyens possibles.

En résumé, l'instruction professionnelle agricole doit être poussée activement dès le plus jeune âge et l'instituteur doit être le premier professeur de l'enfant. Plus tard, il conviendrait de multiplier les écoles pratiques d'agriculture, les sections agricoles des Ecoles primaires supérieures, les écoles d'agriculture d'hiver, mais en ayant soin surtout de donner à cet enseignement un caractère essentiellement pratique. Pas d'école si à côté ne s'organise le champ d'expériences et de démonstrations ; pas de termes arides, de chiffres théoriques sur le rendement de telle céréale, si l'on ne peut donner immédiatement le rendement de la même céréale cultivée dans la région. Pour les adultes enfin, la création de bibliothèques rurales agricoles, l'organisation fréquente de conférences, la vulgarisation des articles d'agriculture donneraient les meilleurs résultats.

Création de fermes-modèles dans chaque région agricole. — C'est là une idée originale dont la réalisation nous causerait une joie bien vive ; la création des écoles pratiques d'agriculture, n'a pas donné, nous en avons déjà parlé, tous les résultats que l'on attendait. La plupart ne sont pratiques que de nom, d'autres ne sont que des fermes-modèles, fort bien administrées parfois, mais dont le directeur ne recherche qu'à obtenir le maximum possible de bénéfices. Point ou peu d'expériences, car une expérience coûte et ne rapporte pas toujours ; on met en application les données de la science agronomique, mais on abuse un peu d'une situation privilégiée : les élèves ne sont souvent que des domestiques d'une nature spéciale, puisque ce sont eux qui paient et le directeur cherche à tirer de leur travail la totalité de sa main-d'œuvre. Nous nous sommes toujours élevé contre ces pratiques qui obligent les jeunes gens à nettoyer les étables, à préparer les betteraves nécessaires à la nourriture du bétail, à sarcler ou à biner des journées entières les champs de légumes de la ferme ; ce n'est pas là leur rôle, ils doivent apprendre toutes les multiples opérations que comporte la main-d'œuvre d'une exploitation agricole, ce sont des apprentis-agriculteurs mais ce ne sont pas des domestiques.

Il nous semble qu'il serait extrêmement intéressant de créer dans chaque région agricole, 3, 4 ou 5 par département, sans trop se soucier de la division administrative des arrondissements, des fermes qui deviendraient des fermes-modèles pour les agriculteurs voisins. L'Etat pourrait se rendre acquéreur ou louer par bail de longue durée, une ferme d'étendue moyenne comparable à celles qui existent aux environs : ici ce serait la culture des céréales qui prédominerait ; là, l'élevage, ailleurs à la culture de la terre serait jointe la culture de la vigne.

La mise en exploitation serait assurée par l'Etat qui fournirait le bétail de race pure (chevaux, vaches, moutons, animaux de basse-cour, etc.) et les instruments aratoires ; la direction serait confiée après concours à un ancien élève de nos grandes écoles d'agriculture ou à un agriculteur remarquable par les résultats précédents qu'il aurait obtenus. Quelques places d'ouvriers agricoles seraient réservées à des fils de cultivateurs qui auraient l'intention de continuer la culture paternelle, et qui viendraient moyennant une légère rétribution passer un an ou deux à la ferme-modèle y parfaire leur instruction professionnelle. L'élevage de la volaille, l'utilisation des produits de laiterie permettraient également l'emploi d'une ou de deux jeunes filles qui ne viendraient qu'un temps relativement très court. Somme toute le personnel de la maison, en dehors d'un ou de deux domestiques attachés à l'établissement, se composerait exclusivement de jeunes gens qui viendraient compléter leurs études agricoles pratiques.

Nous pensons, malgré les frais élevés et la mise de fonds assez considérable à l'origine, qu'un tel établissement aurait des chances nombreuses de prospérer et de réaliser des bénéfices ; la main-d'œuvre parfaite au point de vue du rendement serait peu coûteuse par suite de son recrutement facile ; l'emploi des races pures et sélectionnées permettrait la vente des produits aux agriculteurs voisins comme animaux reproducteurs ; les produits de la basse-cour, les œufs, les jeunes lapins et les volailles pourraient être vendus sensiblement au-dessus des cours et peupler avantageusement les fermes des environs ; les semences elles-mêmes, triées avec soin, serviraient à l'ensemencement des terres de la région, après avoir fait leurs preuves à la ferme-modèle. Notre fermier-directeur ne serait pas sans créer également ou sans perfectionner à proximité des bâtiments de la ferme, le jardin modèle ou le verger idéal dont nous avons parlé précédemment. Mais ce que nous demanderions, et ce qui serait la raison même de l'établissement de la ferme, ce serait l'organisation de nombreux champs d'expériences et de démonstration : Tel hybrideur lance dans le commerce une variété de blé nouvelle, c'est dans notre ferme et comparativement avec les variétés locales qu'il importe de la cultiver, et l'obtenteur serait, dans un but de vulgarisation, obligé de la céder dans d'excellentes conditions ; et il en serait de même pour un engrais nouveau ou encore peu connu.

Il semble qu'ainsi les dépenses annuelles se trouveraient diminuées d'une façon sensible, mais nous serions en droit de demander à notre Directeur qu'il nous fournisse avec *sincérité* les résultats qu'il aurait obtenus. A certains jours même, les agriculteurs voisins seraient convoqués et quelle leçon de choses intéressante et surtout concrète pourrait-on leur faire? Notre ferme-modèle serait une maison de verre, où chacun, de la laiterie aux champs, aurait le droit de voir et surtout de se renseigner. Chiffres en main, le Directeur indiquerait que tels essais ont donné des résultats satisfaisants ou non ; les auditeurs intéressés pourraient tenter dans leurs fermes les cultures reconnues avantageuses et abandonner certaines méthodes culturales notoirement défectueuses.

Nous allons même plus loin, si la création de ces fermes arrivait à se généraliser dans tout notre pays, il serait très intéressant que les résultats fussent consignés dans des brochures qui seraient répandues à profusion dans le monde agricole. Ce serait-là, il nous semble, une excellente propagande, la meilleure des réclames que pourraient envisager les obtenteurs de produits nouveaux, et un facteur certain du progrès agricole.

6° **Créations de syndicats agricoles.** — Les associations agricoles ont pris un si rapide développement sous l'impulsion heureuse et l'intelligente initiative de notre toujours regretté professeur départemental, M. Sagourin (aujourd'hui Directeur de l'Agriculture au Ministère), qu'il nous paraît inutile d'insister sur l'importance de leur rôle.

Enfants du hasard, nées par surprise de la loi de 1884, nul ne pouvait mesurer à l'origine l'importance toujours plus grande que ces sociétés pouvaient prendre, et des services de plus en plus considérables qu'elles rendent actuellement et qu'elles pourront rendre plus tard lorsqu'elles se seront multipliées et que leur utilisation rationnelle se sera généralisée. Suivant le but qu'elles se proposent, les associations portent les noms plus spéciaux de syndicats, de coopératives ou de mutuelles.

a) **Syndicats agricoles.** — Dès l'origine, les syndicats agricoles ont été créés, surtout dans les régions de petite culture, dans le but de grouper les achats d'engrais, de semences, de produits chimiques. Les avantages en sont évidents, l'achat des engrais en commun par exemple procure des prix beaucoup plus bas pour l'acheteur puisque les frais de transport sont répartis entre un grand nombre de personnes, mais ils permettent surtout de contrôler l'exactitude des commandes, de faire procéder à l'analyse des produits et de diminuer les frais de procédure en cas de non exécution ou de mauvaise qualité de la marchandise fournie. Pour une cotisation minime, ordinairement de deux francs, tout sociétaire peut acheter dans les meilleures conditions les semences, engrais et autres produits dont il peut avoir besoin, et souvent même la Fédération agricole des Syndicats fournit aux adhérents un journal pratique d'une utilité incontestable.

Il nous semble cependant qu'il y aurait lieu d'étendre encore cette excellente institution et même de la généraliser jusque dans les plus petites communes. Plus récents sont les syndicats agricoles se destinant plus spécialement à la vente des produits agricoles ; nous avons indiqué quels services ils pourraient rendre pour la vente des spécialités dont nous envisagions la production. Diminuer les frais généraux d'exploitation de façon à augmenter les bénéfices, tel est le but que se proposent les syndicats d'achats ou de ventes.

b) COOPÉRATIVES. — Les coopératives peuvent se diviser en deux grandes catégories : les coopératives de production et les coopératives d'exploitation. Les premières spécialisées ont fait la fortune de certaines régions ; qu'il nous suffise de citer les associations fruitières de la Franche-Comté pour la production du fromage de gruyère et leur merveilleux développement. Quelles seraient donc les industries locales qui se prêteraient le mieux à l'association ? De nombreuses boulangeries coopératives existent déjà et ont la plus heureuse influence en régularisant le prix du pain dans les boulangeries du commerce ; quelques meuneries auraient des chances de réussir puisque l'agriculteur fournirait son blé et recevrait en échange la farine qui alimenterait la boulangerie coopérative et les issues qui serviraient à l'alimentation du bétail ; les laiteries coopératives ont également de grandes chances de réussir : elles permettraient l'utilisation rationnelle du lait, sa transformation en beurre et en fromage, et soit le retour des déchets à la ferme, soit, ce qui serait préférable, l'élevage intensif des porcs au voisinage de la laiterie. Nous connaissons de ces établissements dont l'organisation et l'exploitation donnent les meilleurs résultats.

Ces coopératives de production dont nous venons d'envisager la création auraient pour but de diminuer le prix de revient de produits indispensables à la nourriture de l'homme et par suite de combattre dans une large mesure l'augmentation continuelle du coût de la vie. Là serait assurément une des solutions les plus élégantes du problème si angoissant de la vie chère.

Les coopératives d'exploitation, peu répandues, ont déjà fait leurs preuves surtout dans la petite culture, très souvent elles se confondent avec le syndicat agricole et n'en sont qu'une filiale. Sous la même direction elles se contentent d'acheter un trieur, un épandeur d'engrais, quelquefois une déchaumeuse ; ce sont ces timides essais qu'il convient d'encourager, il est des instruments aratoires dont un petit cultivateur n'aurait besoin qu'une journée, va-t-il s'imposer la dépense d'une arracheuse de pommes de terre ou de betteraves, par exemple ? Il ne le peut assurément pas, mais quarante comme lui peuvent faire un achat commun et les tentatives dans ce genre d'association ont toujours donné d'excellents résultats. Nous connaissons des syndicats de battage mécanique qui sont arrivés en quelques années à rembourser leur capital d'achat, pourtant important, et dont les bénéfices servent maintenant à l'acquisition d'autres instruments perfectionnés.

La seule objection réside dans la façon d'utiliser ce matériel : quand le cultivateur pourra-t-il employer la batteuse ou la déchaumeuse dont il a besoin ? Mais suivant un ordre de roulement établi à l'avance soit à l'amiable, ce qui est souvent facile, soit par voie de tirage au sort, ce qui est préférable, mais en laissant à chaque syndiqué le droit de faire des mutations individuelles.

A un point de vue différent, et dans le but d'améliorer les races de bétail des fermes, quelques syndicats d'élevage se sont fondés et rendent eux aussi les plus grands services. Le Conseil d'Administration achète dans les pays d'origine des lots plus ou moins importants de bêtes de race pure (chevaux, vaches, moutons) et les cède au prix de revient aux sociétaires. Cette façon de procéder ne peut avoir que les meilleurs résultats et permettra, en se généralisant, l'amélioration sensible de la valeur du cheptel français.

c) ASSOCIATIONS MUTUELLES. — Les associations mutuelles, surtout celles contre la mortalité du bétail ont pris depuis vingt ans une extension considérable. Notre département en possède de très nombreuses, de très prospères, la plupart réassurées à un Comité départemental, et dont les services rendus sont chaque année inappréciables.

La Mutuelle-bétail est la sauvegarde du petit propriétaire dont les disponibilités sont limitées et que la perte d'une vache ou d'un cheval gênerait énormément. Les formalités d'installation et d'administration sont si simplifiées que les frais sont à peu près insignifiants. Pour quelques francs par an on éloigne de soi bien des soucis et l'on s'évite bien des inquiétudes. Nous irons même plus loin, si la Mutuelle-bétail rend de réels services à la grande culture où souvent la perte d'une bête n'est qu'une gêne passagère, elle est indispensable au petit propriétaire pour qui la mort de l'unique cheval ou de la seule vache qu'il possède est un désastre souvent irréparable.

C'est pour cette raison également que l'extension des Mutuelles-bétail a amené logiquement la création des caisses locales contre l'incendie ; toute compagnie d'assurances contre l'incendie a ordinairement des frais d'Administration et de Direction fort élevés qui augmentent d'une façon exagérée la prime à verser ; d'autre part agissant sur de très grands territoires elle oblige telle région moins éprouvée à payer pour telle autre qui l'est davantage ; de plus les réglement de compte en cas de sinistres sont quelquefois assez laborieux et toujours très onéreux. C'est pour obvier à ces multiples inconvénients, et grâce à l'appui des pouvoirs publics, que les cultivateurs ont pu s'associer et élaborer les statuts qui règlent la plupart des sociétés existantes. Le résultat est déjà magnifique, plus de cent sociétés existent déjà dans le département, et grâce à une réassurance départementale, ces petites mutuelles sont ainsi à l'abri d'un désastre qui aurait pu les ruiner dès l'origine.

Dans le but d'éviter les intentions malhonnêtes, une clause des statuts, dont la portée morale est très importante, indique que la Société se réserve toujours le droit de fournir en nature les matières et objets détruits par un sinistre.

Nous irions même plus loin, ne serait-il point possible d'étendre à tous les risques qui atteignent l'agriculture et qui rendent sa situation si précaire, le bénéfice de l'assurance mutuelle ? Ne pourrait-on pas créer dans chaque commune, toujours avec une réassurance départementale, des assurances mutuelles contre la grêle, contre la gelée dans les régions viticoles, contre la maladie, les accidents et même le chômage ? Ainsi dégagé de tous les risques qui l'assaillent à chaque instant, le cultivateur aurait ainsi une liberté d'action plus grande, un esprit d'initiative plus étendu, et ne serait plus sous la menace continuelle d'une perte ou d'une récolte désastreuse qui, souvent, était l'idée première de l'abandon de la ferme et du départ pour la ville !

7° CRÉATIONS D'INDUSTRIES LOCALES. — Ce qui a fait que

certaines régions ont eu une dépopulation plus tardive, par exemple dans les cantons d'Aix-en-Othe et d'Estissac, c'est que beaucoup de manouvriers, ouvriers agricoles pendant la belle saison, devenaient ouvriers bonnetiers durant le cours de l'hiver. Ne pourrait-on pas, aujourd'hui que le transport de l'énergie électrique est si facile, où partout, même dans la campagne la plus reculée, on peut obtenir une force motrice à bon compte, établir de petits centres industriels où il serait possible d'utiliser la main-d'œuvre oisive par suite de l'interruption des travaux agricoles. La Franche-Comté ne doit-elle pas une partie de sa prospérité aux nombreux ateliers installés dans chaque ferme et où chaque membre de la famille prépare les pièces détachées des montres qui seront ensuite finies et réglées à Besançon.

L'industrie de la bonneterie se prête merveilleusement à ce travail en série, tel métier serait mis à la disposition des ouvriers ruraux, et le produit serait un appoint considérable au gain de la famille. Mais d'autres industries peuvent encore être créées, le travail du bois ou du fer peut, suivant les dispositions de chacun, avoir des attraits particuliers, certaines communes pourraient également organiser des industries locales, suivant leurs ressources minières ou forestières. Ici, il serait avantageux d'entreprendre l'extraction de la pierre à bâtir, là, l'exploitation de la pierre à chaux pourrait procurer des bénéfices certains, ailleurs l'installation d'une scierie mécanique, d'une huilerie, d'une fabrique de bois tournés ou de sabots peut procurer des avantages indéniables. Là encore c'est une question d'initiative personnelle, d'étude, afin de pouvoir déterminer à l'avance les débouchés à obtenir, le prix de revient de la main-d'œuvre ou de la matière première.

L'agglomération des usines dans un même centre, en

outre des nombreux inconvénients que crée la vie d'usine, a surtout pour effet d'exagérer le prix de la vie : par suite de leur rareté, les loyers atteignent des prix fantastiques, les produits nécessaires à l'alimentation, les légumes et la viande principalement font des bonds désordounés, suivant les lois de l'offre et de la demande. L'ouvrier exige des salaires plus élevés, mais l'industriel se trouve lui aussi dans l'obligation d'augmenter ses prix de vente, si bien qu'avec des gains énormes, la classe ouvrière, un peu cigale, n'arrive que tout juste à la fin de l'année.

Au contraire, si chaque commune s'ingéniait d'une façon ou d'une autre à retenir les ouvriers dont l'agriculture n'a plus autant besoin, si chaque force motrice était utilisée, si la campagne s'industrialisait peu à peu, peut-être arriverait-on à résoudre le problème de la vie chère d'une façon élégante. La ville de Bar-sur-Aube et surtout la commune de Bayel ont tenté des expériences qui semblent fort concluantes ; l'usine pourrait s'édifier sur des terrains peu coûteux et avec des capitaux restreints, l'ouvrier lui-même conserverait son foyer qui ne lui coûte que peu d'impôts et d'entretien, et s'occuperait utilement en dehors des heures de l'atelier dans le jardin qui avoisine la maison et dans les parcelles de terre qui seraient mises à très bon compte à sa disposition. Le coût de la vie se trouverait diminué de tous les avantages que procure la vie à la campagne, et les légumes que l'on a fait pousser, et les fruits que l'on a cueillis soi-même sont autrement savoureux que ceux que l'on achète au marché.

Ce serait là, mais n'est-ce pas une illusion, non le retour à la terre, que nous appelons de toutes nos forces, mais l'arrêt de l'exode vers la ville où se ruinent les santés et où fatalement se perdent les familles !

CONCLUSION

> *O fortunatos nimium, sua si bona*
> *norint, agricolas.*
>
> Trop heureux les hommes des champs,
> s'ils connaissaient leur bonheur!
>
> (Virgile, Géorgiques II, 458-459.)

Cette exclamation du grand poète latin est toujours vraie, hélas! Pour nous qui avons connu les avantages de la vie à la campagne et qui souffrons actuellement des inconvénients de la vie à la ville, nous ne comprenons pas ce désir insensé qui pousse nos ruraux vers les cités. Qu'y viennent-ils faire sinon y chercher de gros salaires, des plaisirs nouveaux, un bien-être qu'ils espèrent, alors qu'ils n'auront, le plus souvent, que d'amères désillusions!

Le but que nous avons poursuivi en écrivant cette longue étude est simple; nous avons été frappé de voir notre cher département se dépeupler d'une façon désolante, mais nous avons surtout constaté avec stupéfaction quel vide se faisait dans nos campagnes. Depuis vingt ans, les écrits abondent pour jeter ce cri d'alarme, mais nous ne croyions pas le mal aussi grave qu'il l'est réellement, nous ne pouvions nous imaginer que 65.000 personnes avaient pu déserter, en soixante ans, nos villages ruraux pour venir échouer à la ville.

C'est cette idée générale qui nous a conduit à entreprendre ce travail: la première partie traite de la population du Département en 1911, population bien faible par rapport à la densité générale de la France; la seconde, de beaucoup la plus importante, étudie les modifications qui se sont produites depuis le recensement de 1831 à celui de 1911, pour chaque commune et ensuite par cantons et par arrondissements ; plus de trente graphiques viennent à l'appui des nombreux tableaux que nous avons dressés et en facilitent la compréhension ; dans la troisième partie, nous avons étudié les causes générales qui ont influé sur le mouvement de la population durant cette même époque en insistant surtout sur le caractère général de la dépopulation rurale ; enfin, dans la quatrième partie nous avons passé en revue quelques-uns des moyens qui pourraient enrayer la dépopulation des campagnes de notre département.

Nous n'avons pas l'ambition d'avoir fait une œuvre parfaite, nous prétendons encore moins ramener, du jour au lendemain, les citadins à la campagne. C'est là une œuvre de longue haleine, l'œuvre de plusieurs générations qu'il faudra instruire et éduquer dans ce sens. L'agriculture sera toujours « l'assise de granit sur laquelle l'Etat repose » mais pour cela il faut qu'elle devienne une industrie, et une industrie prospère ; il faut que l'agriculteur plus instruit, soit mieux préparé à remplir son rôle, qu'il ne se considère point comme un paria sur qui retomberont les charges les plus lourdes de la société ; il faut, en un mot, qu'il gagne largement sa vie et celle de sa famille.

Nous avons la conviction absolue qu'un jour prochain le retour à la terre, deviendra une réalité ; que nos communes rurales, transformées selon les lois de l'agronomie, couvertes de riches moissons, savamment organisées dans le but de produire le plus possible et aux meilleures conditions, verront renaître leur prospérité passée. Et à l'engouement qui attire aujourd'hui l'ouvrier vers la ville, succédera un reflux bienfaisant vers les campagnes.

Heureux l'homme des champs ! qui, dans le calme tranquille de son foyer, au milieu de sa famille, sait goûter et apprécier les beautés de la nature qui l'entoure, sait comprendre la grandeur du rôle social qu'il remplit et qui ne veut en échange de son indépendance, de son initiative et de sa liberté, d'aucune des nombreuses promesses fallacieuses que lui fait miroiter la grande ville ! Comme nous l'admirons et, nous osons même ajouter, comme nous envions son bonheur !

Mais pour faire comprendre et apprécier cette idée, il faut refaire complètement notre éducation faussée. A côté de tous les dehors brillants et mensongers qui flattent et qui attirent, nous devons, nous, les convaincus, apporter les arguments qui persuadent. C'est l'œuvre de plusieurs générations, mais ne nous laissons pas décourager par l'ampleur de la tâche à accomplir, soyons les pionniers de cette œuvre, apportons chaque jour notre pierre à la construction de l'édifice commun, ne nous laissons pas abattre par les difficultés présentes, n'ayons pàs la faiblesse d'abandonner notre plume et ne disons pas : « A quoi bon ! »

Et si, personnellement, par la publication de ce travail, nous pouvions aider et arriver à un résultat satisfaisant, si nous étions un des artisans des progrès que nous envisagions précédemment, si nous contribuions à refaire notre pays plus grand et plus fort, nous ne regretterions rien des efforts que nous aurions tentés pour arriver à un tel résultat, et nous serions ainsi largement payé de notre peine.

TABLE DES MATIÈRES